Friedhold Vogel
JESUS – der Erste, der Letzte, der Lebendige

W0247329

FRIEDHOLD VOGEL

JESUS
der Erste
der Letzte
der Lebendige

Die Ich-bin-Worte Jesu

CHRISTLICHES VERLAGSHAUS
STUTTGART

Glauben heute Band 10

© 1991 Christliches Verlagshaus GmbH, Stuttgart
Umschlaggestaltung: Dieter Betz, Weissach
Umschlagfoto: Gerd Ulmer, Hemmingen
Fresko »Die Hand Gottes« von dem Meister von Tahull, 1123
Gesamtherstellung: Druckhaus West GmbH, Stuttgart
ISBN 3-7675-7050-5

Inhalt

Einführung

Es geschah an einem missionarischen Abend in der Coffee-Bar in St. Pauli – mitten in der Predigt. Genau unter meinem Mikrophon saß eine Dame im mittleren Alter. Es war unschwer zu erkennen, daß sie aus dem Milieu kam – und sie schien irgendwie nicht einverstanden zu sein mit dem, was ich sagte. Ständig schüttelte sie den Kopf, lief rot an und schimpfte vor sich hin. Ihr Nebensitzer, ein Stadtstreicher, versuchte sie zu beruhigen, aber es gelang ihm nicht so recht. Plötzlich schnellte die Hand der Dame nach oben. Der Stadtstreicher riß sie nach unten. Es gab eine lautstarke Diskussion. Ich unterbrach meine Rede und wandte mich an die Frau:

»Ich werde mich nach meiner Ansprache mit Ihnen unterhalten. Haben Sie noch ein wenig Geduld.«

Die Dame beruhigte sich – und ich konnte weitersprechen. Aber der Friede währte nicht lang. Sie lief wieder rot an, die Hand schnellte erneut nach oben und dann die ganze Frau, und mitten in die Veranstaltung hinein rief sie:

»Warum redest du immer von Jesus? Jesus! Jesus! Jesus! Das geht mir auf den Geist. Rede doch endlich mal von Gott!«

Die Atmosphäre war geladen. Einige regten sich auf. Andere lachten, und die meisten warteten gespannt auf meine Reaktion. Der Stadtstreicher versuchte vergeblich, die Dame auf den Sitz zurückzuziehen. Die Situation wurde peinlich. Doch plötzlich erkannte ich in dieser aufregenden Unterbrechung eine Chance. War das nicht die beste Gelegenheit, ausführlich zu erklären, warum ich von Jesus sprach?

»Vielen Dank für diese Frage«, hörte ich mich sagen. »Das will ich gern tun. Also – warum rede ich eigentlich von Jesus?«

Und dann konnte ich einer aufmerksamen Zuhörerschar mit der Bibel in der Hand zeigen, warum ich nicht allgemein von Gott redete, sondern speziell von Jesus Christus.

Es gibt einen Slogan, den wir immer wieder einmal bei den Freigottesdiensten auf der Reeperbahn den Passanten zurufen. Er ist ein bißchen schnoddrig, aber wahr: »Wer Jesus nicht kennt, hat das Leben verpennt!«

Wenn Sie die Bibel zur Hand nehmen – ich spreche jetzt vom Neuen Testament –, dann wird Ihnen dies auffallen: Sie spricht zentral von Jesus Christus. Ich habe mir die Mühe gemacht, überall dort einen kleinen Kreis in meiner Bibel zu zeichnen, wo das der Fall ist. Mein Neues Testament ist voller Kreise, Tausende von Kreisen. Keine Seite ohne Kreise. Jesus, immer Jesus.

Matthäus spricht von Jesus. Markus spricht von Jesus. Lukas spricht von Jesus. Petrus spricht von Jesus. Jakobus spricht von Jesus. Die Evangelien, die Apostelgeschichte, die Briefe, die Offenbarung – sie sind voll von Jesus. Aber wer war eigentlich Jesus Christus? Das ist die Frage, die immer wieder heiße Diskussionen heraufbeschwört.

In diesem Buch will ich an Hand der Bibel diese Frage beantworten. Dabei möchte ich Jesus Christus selbst zu Wort kommen lassen. Was sagte er von sich? Es interessieren hier also nicht zuerst die Aussagen der Männer, die mit Jesus gelebt haben und die er seine Jünger nannte. Es sollen auch nicht die ersten Zeugen der Christenheit befragt werden. Die Selbstaussagen Jesu möchte ich zu Gehör bringen – und Sie werden entdecken, daß das ungeheuer spannend ist.

Ich, ich bin der ERSTE und der LETZTE und der LEBENDIGE. Ich war tot, und siehe, ich bin leben- dig von Ewigkeit zu Ewigkeit und habe die Schlüssel des Todes und der Hölle.

ICH BIN das A + O –
Mehr als Boß, Star und Guru

Vor einiger Zeit unterhielt ich mich mit einem jungen Mann. Auf seinem roten T-Shirt war zu lesen:»Jesus is my Boss.« Jemand hatte ihn deswegen öffentlich angegriffen, aber er verteidigte sich mutig.»Wenn du den Begriff ›Boß‹ richtig füllst, dann ist das mit Einschränkung zu vertreten«, sagte ich. In der Bibel lesen wir, daß Gott, der Vater, seinem Sohn Jesus Christus »alle Macht im Himmel und auf der Erde gegeben hat«. Er ist also, wenn Sie das so ausdrücken wollen, der Boß des Universums. Aber Jesus Christus ist nicht nur Boß, und er kann nicht mit den Top-Managern dieser Welt verglichen werden. Das wäre verhängnisvoll einseitig.

Jesus ein Star? – Keine Frage, er war damals, als er unter den Menschen lebte, eine bekannte Persönlichkeit. Jesus hatte viele Verehrer. In der Bibel lesen wir:»Alle Welt läuft ihm nach.« Er war eine Berühmtheit, aber auch das ist nicht alles, was man von ihm sagen kann, und es ist eine sehr oberflächliche Sicht.

Jesus ein Guru? Der Duden erklärt den Begriff »Guru« unter anderem mit »religiöser Lehrer«. Die Bibel berichtet, daß Jesus die Menschen lehrte. Man nannte ihn »Rabbi« – »religiöser Lehrer«. Aber Jesus war nicht in erster Linie Rabbi. Er war mehr.

In der Bibel entdeckte ich einen Satz, den Jesus über sich gesagt hat. Er ist atemberaubend, und er hat eine unglaubliche Aussagekraft und Tiefe:

Ich bin der Erste und der Letzte und der Lebendige. Ich war tot, und siehe, ich bin lebendig von Ewigkeit zu Ewigkeit (Offenbarung 1,17.18).

Alles ist hier absolut einmalig: Noch nie gab es einen Menschen, der das in dieser Weise sagen konnte:»Ich war tot, und siehe, ich bin lebendig.« O.K. – ich weiß, daß es Menschen gibt, die klinisch tot waren – eine Stunde oder vielleicht zwei. Aber Jesus Christus lag einige Tage im Grab, und er sprach dieses »Ich bin lebendig« ungefähr sechzig Jahre nach seiner Auferstehung. Und hören Sie bitte genau hin: Jesus sagte nicht nur »Ich bin lebendig«, sondern er sagte: »Ich bin lebendig von Ewigkeit zu Ewigkeit.« Das heißt doch im Klartext: »Über mich hat der Tod keine Macht mehr. Ich lebe jenseits des Vergänglichkeitshorizontes. Raum und Zeit engen mich nicht mehr ein.« Und diese herausfordernde Selbstaussage Jesu beginnt mit den Worten: »Ich bin der Erste.«

»Moment«, werden Sie vielleicht sagen, »wie war das dann mit Adam? Stand am Anfang der Menschheitslinie nicht er?« Beachten Sie bitte, daß Jesus Christus hier nicht erklärt: »Ich bin der erste Mensch.« Er sagt: »Ich bin der Erste«, und er fügt sogleich hinzu: »Ich bin der Letzte.« Die Bibel kommentiert diese Worte und deutet damit in unvergleichbarer Weise die Einzigartigkeit Jesu:

Jesus ist das Bild des unsichtbaren Gottes, der erstgeborene Sohn des Vaters; er ist der Anfang aller Schöpfung. Durch ihn ist alles geschaffen worden, was im Himmel und auf der Erde lebt, alles, was man sehen kann, und auch die unsichtbaren Mächte und Gewalten. Alles hat Gott durch ihn geschaffen, und in ihm findet alles sein letztes Ziel. Er war vor allem anderen da, und alle Dinge bestehen durch ihn (Kolosser 1,15–17).

Jesus Christus ist der Beginn der Schöpfung und der Beginn der Geschichte Gottes, und er ist zugleich das Ziel der Schöpfung und das Ziel der Geschichte Gottes:

»Ich bin das A und O, der Erste und der Letzte.«

Ich, ich bin

Als Jesus Christus vor zweitausend Jahren in der Öffentlichkeit auftrat, in Kapernaum, in Nazareth, in Jerusalem –

in den Städten und Dörfern Palästinas –, hat er in seinen Reden einen Begriff gebraucht, der für jeden Juden wie ein Stromstoß wirken mußte. Er war hochexplosiver Zündstoff nicht nur für einige Theologen, sondern für jeden, der auch nur ein wenig religiöses Empfinden hatte. Der Begriff lautete: »Ich bin« – oder genauer übersetzt: »Ich, ich bin«. In der Biographie, die der Apostel Johannes über Jesus schrieb, im Johannesevangelium, finden Sie diesen Begriff 26mal. Diese beiden Worte haben einige Krisensitzungen im jüdischen Hohen Rat in Jerusalem ausgelöst. Diese beiden Worte führten zu heißen Diskussionen unter dem Volk. Diese beiden Worte lieferten stundenlang Gesprächsstoff für die Männer und Frauen, die Jesus nachfolgten. Es waren die provozierendsten Worte, die Jesus jemals gesprochen hat – und er hat vieles gesagt, das die Wogen hochgehen ließ und die Gemüter erhitzte. Im Originaltext der Bibel lauten diese Worte »ego eimi«. So sagte Jesus zum Beispiel: »Ich, ich bin das Licht der Welt. Ich, ich bin die Auferstehung und das Leben. Ich, ich bin der wahre Weinstock. Ich, ich bin der gute Hirte. Ich, ich bin…« Immer und immer wieder sprach er: »Ich, ich bin.«

Aber warum waren diese zwei Worte für die Juden so provozierend? Was war denn an ihnen so aufregend? Uns reißen sie doch auch nicht vom Stuhl. Das also muß geklärt werden.

Sehen Sie, wenn Juden dieses »Ich, ich bin« aus dem Mund Jesu hörten, dann stand blitzartig ein Bericht aus den Anfängen der jüdischen Geschichte, aus der Thora, aus dem Alten Testament, vor ihnen. Sie sahen Mose, wie er verwundert in der Wüste einen Busch beobachtete, der brannte und doch nicht verbrannte. Und sie hörten die Stimme, die Mose erzittern ließ: »Zieh deine Schuhe aus, denn du stehst auf heiligem Boden.« Es war Gott, der in dieser einmaligen Offenbarung Mose beauftragte, das Volk Israel aus der Sklaverei Ägyptens zu befreien. Und nun hören Sie bitte den Originaltext der Bibel, den jeder Jude auswendig kannte und der im Herzen eines jeden Juden unauslöschlich als die einzigartige Gottesoffenbarung eingebrannt war:

Mose sagte zu Gott: Wenn ich nun zu den Israeliten komme und zu ihnen sage: Der Gott eurer Vorfahren hat mich zu euch geschickt, und sie mich dann fragen: Welchen Namen hat er? – was soll ich ihnen sagen?

Gott antwortete: Ich bin der Ich-bin-da, und er fügte hinzu: Sage zu den Israeliten: Der Ich-bin-da hat mich zu euch geschickt: Der Herr! Er ist der Gott eurer Vorfahren Abraham, Isaak und Jakob. Denn Ich-bin-da ist mein Name für alle Zeiten. So sollen mich auch die kommenden Generationen nennen (2. Mose 3,13–15).

Ahnen Sie jetzt den Grund der Aufregung? Was hatte Gott zu Mose gesagt: »Ich-bin-da«, oder wörtlich übersetzt: »Ich-bin ist mein Name für alle Zeiten.« Diese Gottesoffenbarung, diese Preisgabe des Namens Gottes – Jaweh im hebräischen Urtext – war für jeden Juden so heilig, daß er nie ausgesprochen wurde. Und nun – bitte versuchen Sie sich einmal hineinzudenken und sich die Situation vorzustellen – steht da irgendwo an einer Straßenecke in Israel der Rabbi Jesus von Nazareth und wendet diesen heiligen Namen »Ich, ich bin« haargenau auf sich an. Unüberhörbar sagt er: »In mir steht der ›Ich, ich bin‹ vor euch.« Oder noch schockierender: »Der ›Ich, ich bin‹ steht vor euch. Der, der in der Wüste mit Mose gesprochen hat, der spricht jetzt mit euch.«

Das ist klar: Das mußte Feuer geben. Viele sagten: »Er ist von einem bösen Geist besessen. Er ist verrückt! Warum hört ihr ihm überhaupt zu?« Andere gaben zu bedenken: »So redet kein Besessener! Und wie kann ein böser Geist blinde Menschen sehend machen?« (Johannes 10,20.21). Die religiösen Führer warfen ihm vor, daß er sich »mit Gott auf eine Stufe stellte«. Diese Selbsteinschätzung Jesu war in ihren Augen nicht nur schamlos, sie war ein Verbrechen. Was Jesus hier tat, war Gotteslästerung, und darauf stand die Todesstrafe. Das mußte schief gehen. So wurde dieses »Ich, ich bin«, Jesu Selbstverständnis also, ihm zum Verhängnis. Das Kreuz war vorprogrammiert – aber, und das möchte ich hier schon einbringen, es war der Plan Gottes zur Rettung einer in Sünde gefallenen Menschheit.

Gott liebte die Menschen so sehr, daß er seinen einzigen Sohn hergab. Nun wird jeder, der sein Vertrauen auf den Sohn Gottes setzt, nicht zugrunde gehen, sondern ewig leben.
(*Johannes 3,16*)

Jesus das A – der Erste

Und nun finden Sie dieses »Ego eimi«, dieses »Ich, ich bin« noch einmal im letzten Buch der Bibel, in der Offenbarung. Dort spricht es nicht der Rabbi von Nazareth, dort spricht es der auferstandene und verherrlichte Jesus Christus. Dort ist es mit göttlicher Macht, mit unvorstellbarem Glanz verbunden. Da ist niemand entsetzt. Da kommt keiner auf den Gedanken, es in Frage zu stellen. Da ist alles diskussionslos klar. Und der, der das erlebt, schreibt:

Als ich ihn sah, fiel ich wie tot vor seinen Füßen zu Boden. Er legte seine rechte Hand auf mich und sagte: Hab keine Angst! Ich, ich bin der Erste und der Letzte ... (*Offenbarung 1,17*).

Ich wiederhole: »Als ich ihn sah, fiel ich wie tot vor seinen Füßen zu Boden.« Ich möchte Sie dabei auf folgendes aufmerksam machen: Als Jesus damals in der Öffentlichkeit auftrat, folgten ihm viele nach. Die Bibel spricht von zweiundsiebzig, die er aussandte, das Evangelium vom Reich Gottes zu verkündigen. Zwölf Männer aber wählte er in besonderer Weise aus und nannte sie seine Apostel. Sie waren drei Jahre mit ihm zusammen. Unter ihnen waren drei, Petrus, Johannes und Jakobus, die seine engsten Mitarbeiter waren. Sie durften dabei sein, als er ein totes

14

Kind auferweckte (Lukas 8,41–56), und er nahm sie mit auf den »Berg der Verklärung« (Matthäus 17,1–2). Einem aber unter diesen drei Jüngern öffnete sich Jesus in ganz besonderer Weise. Es war Johannes. Die Bibel berichtet, daß er der Jünger war, den Jesus liebte (Johannes 21,20). Und diesem Jünger Johannes erscheint Jesus Christus fünfzig Jahre nach seiner Auferstehung.

Und nun stelle ich mir diese Begegnung so vor: Johannes sieht Jesus Christus nach einer so langen Zeit der Trennung wieder. Tief bewegt und begeistert eilt er auf ihn zu. »Mein Herr!« ruft er und wirft sich in seine Arme. Geschah es so? Nein! Johannes selbst berichtet das völlig anders: »Als ich ihn sah, fiel ich wie tot vor seinen Füßen zu Boden.« Wie das? Vor ihm stand nicht der Jesus von Nazareth, den Johannes so gut kannte, sondern vor ihm stand der majestätische Christus, der Weltvollender, »der Erste und der Letzte«.

Bitte halten Sie das fest, wenn Sie von Jesus sprechen. Sehen Sie nicht nur und nicht zuerst Jesus von Nazareth, sondern bedenken Sie, daß er jetzt der Kyrios ist, der Herr im umfassenden Sinn. Er allein hat das Recht und die absolute Autorität, zu sagen: »Ich bin der Erste.« Wer den Namen Jesus ausspricht und wer über Jesus spricht, der darf diese Selbstaussage Jesu nicht übergehen: »Ich bin der Erste.« Dabei sollten Sie folgendes beachten: Jesus Christus ist nicht nur in der Weise der Erste, daß er am Anfang der gesamten Schöpfung steht, sondern er ist der Erste, weil Gott, der Vater, ihm alles übergeben hat. Er ist der Kopf. Die Heilige Schrift sagt:

Jesus Christus herrscht jetzt über alle unsichtbaren Mächte und Gewalten ohne Unterschied. Weder in dieser noch in der kommenden Welt gibt es eine Macht, die ihm nicht unterworfen ist. Gott hat alles ohne Ausnahme in seine Gewalt gegeben. Ihn aber, den Herrn über alles, gab er der Gemeinde zum Haupt (Epheser 1,21.22).

Welche Rolle spielt Jesus Christus in Ihrem Leben? Hat er die »Haupt«rolle oder spielt er nur eine Nebenrolle? Ich habe Menschen kennengelernt, in deren Leben er nicht mehr war als ein religiöser Statist. Er wurde bei einigen festlichen Anlässen des Lebens »aufgestellt« – bei der Taufe, der Konfirmation, der Trauung, und dann noch einmal bei der Beerdigung als würdevoller Abschluß des Ganzen. Solche Leute fallen aus allen Wolken, wenn man sie auf ihre Beziehung zu Jesus anspricht. Wenn sie merken, daß eine solche Frage ernst gemeint ist, dann verschanzen sie sich hinter Schlagworten wie »Ich habe schon meinen Glauben« oder »Religion ist Privatsache«.

Neulich wurde eine Frau geradezu wild, als ich sie zu einer christlichen Veranstaltung einlud und dann versuchte, mit ihr ein Gespräch über den christlichen Glauben zu führen. »Ich rede doch nicht mit jedem Dahergelaufenen über Gott«, fauchte sie. Als ich ihr dann erklärte, daß ich Pastor sei, wurde sie noch ärgerlicher. Ein richtiger Pastor würde solche Gespräche nicht auf der Straße führen, meinte sie, dazu sei ja schließlich die Kirche da – und damit war die Gesprächsbereitschaft beendet.

Während einer christlichen Jugendkonferenz hatten wir einen Raum speziell für das Gebet reserviert. Vom frühen Morgen bis in die späte Nacht beteten hier junge Menschen. In ein Körbchen konnten schriftlich formulierte Gebetsanliegen gelegt werden. Am Ende der Konferenz nahm ich einige der Gebetszettel mit. Sie sind ein selbstsprechendes Zeugnis für Menschen, in deren Leben Jesus der Erste ist.

Ein Mädchen schreibt: »Betet für meinen Vater. Ihm ist der Glaube unwichtig. Betet darum, daß mein Vater die Erkenntnis bekommt, daß Gott das Wichtigste überhaupt ist.«

Auf einem anderen Gebetszettel steht: »Meine Eltern haben sich noch nicht für Jesus Christus entschieden. Bitte betet darum, daß sie den so wichtigen Schritt wagen.«

Die entscheidende Lebenskorrektur beginnt damit, daß Sie den, der der Erste in Gottes Schöpfung ist, bitten, auch der Erste in Ihrem Leben zu werden. Das ist der Start in ein neues Leben, der Start, der zu einer neuen Lebenseinstellung und zu einem neuen Lebensstil führt. Ihr Leben kann nur dann zu einem erfüllten Leben werden, wenn Sie Jesus Christus darum bitten. Dabei ist allerdings eine Vorentscheidung wichtig, die ich Ihnen nicht verschweigen darf: Sie selbst müssen bereit sein, auf die »erste Rolle« zu verzichten. Das hat Jesus selbst einmal sehr deutlich zum Ausdruck gebracht. Er sagte:

Wer mit mir gehen will, der muß sich und seine Wünsche aufgeben (Matthäus 16,24).

Aber auch das möchte ich sehr betont sagen: Wenn Jesus Christus der Erste in Ihrem Leben wird, dann werden Sie keine fromme Marionette und Sie werden kein religiöser Roboter. Der Sohn Gottes versklavt Sie nicht. Er macht Sie nicht zu einem willenlosen Werkzeug. Ganz im Gegenteil: Er entfaltet Ihr Leben und setzt die Ihnen gegebenen Fähigkeiten zur Ehre Gottes frei. Er befähigt Sie, für andere liebend da zu sein.

Jesus das O – der Letzte

Die Frage nach dem Ziel allen Seins war schon immer eine der großen Menschheitsfragen. Was hilft schon der gelungenste Start, wenn das Ziel verschwommen ist? Bereits die kleinen Ziele, die Teilziele des Lebens, sind Ansporn und setzen Energien frei. Ein Realschulabschluß, die Fahrschulprüfung, eine geplante Urlaubsreise und vieles mehr. Christsein hat nicht nur einen klaren Start, sondern auch ein klar umrissenes Ziel. Jesus Christus hat nicht nur gesagt: »Ich bin der Erste« – er hat auch gesagt: »Ich bin der Letzte.« Alles findet in ihm letzte Erfüllung. Alles steuert auf ihn zu.

Wer jedoch Jesus Christus bewußt aus seinem Leben ausklammert, wird auch im Blick auf das Lebensziel vor einem »schwarzen Loch« stehen. Was da junge Leute vor Jahren an die Wände sprühten: »no hope, no future«, keine Hoffnung, keine Zukunft, war nur die Spitze des Eisbergs der Hoffnungslosigkeit, die das Klima unserer Erde prägt. Wie ganz anders klingt da das Bekenntnis des Apostels Paulus:

Ich bin gewiß, daß uns nichts von Gottes Liebe trennen kann: weder Tod noch Leben, weder Engel noch andere Mächte, weder Gegenwärtiges noch Zukünftiges, weder etwas im Himmel noch etwas in der Hölle. Durch Jesus Christus, unseren Herrn, hat Gott uns seine Liebe geschenkt. Darum gibt es in der ganzen Welt nichts, was uns jemals von Gottes Liebe trennen kann (Römer 8,38.39).

Ich möchte die Aussage »durch Jesus Christus, unseren Herrn« besonders betonen. Niemand hat das Recht, dieses zukunftsgewisse Wort für sich in Anspruch zu nehmen, wenn er nicht sagen kann und es vielleicht auch nicht sagen möchte: »Jesus Christus ist mein Herr.« Die Lebensübereignung an Jesus Christus ist der Schlüssel für eine sinnvolle Zukunft. Er ist der Erste und der Letzte.

Vor einiger Zeit führte ich ein bewegendes Gespräch mit einer jungen Frau. Sie hatte in der ehemaligen DDR alles liegen und stehen lassen und war nach der Öffnung der Grenze in die Bundesrepublik gekommen. In einem Übergangswohnheim wurde sie von Christen zu einer Evangelisation eingeladen, die in der Kongreßhalle des Ortes stattfand. Dort hatte sie sich nach einem Seelsorgegespräch Jesus Christus übereignet. Am darauffolgenden Tag sagte sie mit tiefer Ergriffenheit: »Jetzt erst habe ich das, was ich immer schon gesucht habe. Der Schritt über die Grenze und die ersten Erfahrungen in der freien Welt waren für mich schon ein unvergeßliches Erlebnis. Aber die Gewißheit, Jesus Christus zu gehören, stellt das alles in den Schatten. Ich bin so erfüllt. Ich weiß nicht, wie mein Leben weiter verlaufen wird. Alles ist unsicher, und doch habe ich keinerlei Bedenken im Blick auf die Zukunft. Ich weiß, daß Jesus Christus mich führt.«

Diese Gewißheit, diese innere Klarheit können auch Sie erhalten, wenn Sie Jesus Christus darum bitten, A und O, Anfang und Ende, der Erste und der Letzte in Ihrem Leben zu sein.

Jesus – der Lebendige

Christen verehren keinen »großen Toten«, und sie verehren keine berühmte Gestalt der Geschichte. Christen verehren den Einen, der gesagt hat: »Ich bin lebendig von Ewigkeit zu Ewigkeit«, und der den Seinen versichert hat: »Ich bin immer bei euch, jeden Tag, bis zum Ende der Welt.« Hautnah ist also Jesus Christus, und er ist zugleich in uns durch den Heiligen Geist. Das ist faszinierend. Das ist das absolut Neue im Gegensatz zu allen anderen Religionen. Wenn ich am Morgen erwache, kann ich sagen: »Danke Jesus, daß du da bist.« Wenn ich mit meiner Familie zusammensitze, darf ich wissen, daß er dabei ist. Probleme, Freuden, Spannungen, Lob, Versagen, Erfolg... – bei allem, was das Leben ausmacht und was das Leben ist, ist er da. Nichts ohne ihn. Kein Verlassensein, kein hilfloses Herumhängen – Jesus, der Erste und der Letzte und der Lebendige, ist auch der Gegenwärtige. Von Mose sagt die Bibel:

Er hatte den unsichtbaren Gott vor Augen, als ob er ihn wirklich sehen würde (Hebräer 11,27).

Keine Frage, das muß eingeübt werden. Es klingt paradox, aber lassen Sie mich das einmal so ausdrücken: Weil wir ihn nicht sehen, können wir ihn übersehen. Und die

Gefahr dieses Übersehens ist, daß wir dann nur mit unseren eigenen Fähigkeiten rechnen, und das engt unser Leben schrecklich ein. Dann geht es uns so wie jenem Mann, der glaubte, sein Geld vergessen zu haben und darum hungrig und frustriert durch die Großstadtstraßen lief, an Gasthäusern und duftenden Imbißstuben vorbei. Das Geld aber steckte in der Seitentasche seiner Jacke. Ärgerlich so etwas.

Jesus Christus hat darum dieses »Ich, ich bin« so oft und so betont ausgesprochen, daß wir uns seine Gegenwart in jeder Lage bewußt machen. Heute will ich wieder mit ihm rechnen und diesem Wort voll vertrauen: »Ich bin der Erste und der Letzte und der Lebendige. Ich war tot, und siehe, ich bin lebendig von Ewigkeit zu Ewigkeit.«

Ich, ich bin das BROT des Lebens. Wer zu mir kommt, den wird nicht hungern; und wer an mich glaubt, den wird nimmermehr dürsten.

ICH BIN das Brot –
Es ist genug für alle da

Mich hat schon immer die Geschichte fasziniert, in der berichtet wird, wie Jesus Christus mit nur fünf Broten und zwei Fischen Tausende von Menschen speiste – ein unglaubliches Wunder. Ich kann mir die Szene lebhaft vorstellen: Es war ein Festival der Freude. Jesus hatte viele Blinde sehend gemacht. Gelähmte – vor wenigen Stunden noch an die Trage gefesselt – sprangen jauchzend umher. Dort erzählte ein ehemals Aussätziger einer atemlos lauschenden Zuhörergruppe das Wunder seiner Heilung. Sie alle zeigten auf Jesus. Er hatte sie berührt. Er hatte sie befreit. Er hatte ihnen Hoffnung und Liebe geschenkt. Nun ging dieser wunderbare Tag zu Ende.

Um Jesus herum standen seine zwölf engsten Mitarbeiter. Bei ihnen jedoch war im Moment wenig von Freude zu spüren. Sie waren nicht happy. Im Gegenteil – sie waren völlig ratlos. Soeben hatte Jesus zu einem von ihnen, Philippus mit Namen, gesagt: »Wo können wir genügend Nahrung kaufen, damit alle diese Leute satt werden?«

»Fünftausend Männer, Frauen und Kinder nicht mitgerechnet, also für mehr als zehntausend Menschen Abendbrot, das ist doch absolut unmöglich, Jesus. Erstens fehlt uns das Geld. Zweitens gibt es keinen Supermarkt in der Nähe, der soviel anzubieten hat. Und drittens könnten wir eine solche Riesenmenge gar nicht herbeischleppen.« So ungefähr stelle ich mir die Gedankengänge des Philippus vor.

Plötzlich schiebt sich einer der Mitarbeiter durch die diskutierende Runde. Er zieht einen Achtjährigen hinter sich her. »Herr«, sagt er, »hier ist ein Junge, der hat fünf Gerstenbrote und zwei Fische. Aber was hilft das bei so vielen Menschen?«

Verlegenes Lächeln bei den einen, aufkommender Ärger bei den anderen. Was soll diese unsinnige Plänkelei? Jetzt war doch wirklich nicht die Zeit, um Witze zu machen. Fünf Brotfladen und zwei Fische – das reichte gerade für zwei von ihnen.

»Wir sollten hier nicht herumalbern«, sagte einer, »sondern dafür sorgen, daß die Leute ihre Sachen packen und nach Hause gehen.« Das fand allgemeine Zustimmung. Einige wollten schon diesen vernünftigen Tip in die Tat umsetzen. Aber Jesus pfiff sie zurück. »Sorgt dafür, daß die Leute sich setzen«, sagte er. Dann nahm er einen Brotfladen aus der Hand des Jungen, sah nach oben und dankte Gott dafür. Er brach ihn und gab je eine Hälfte einem seiner Schüler. Danach nahm er den zweiten Brotfladen, brach ihn und gab die Hälften ebenfalls weiter. So nahm er die fünf Brote aus der Hand des Jungen und teilte sie auf. Schließlich hatten zehn von ihnen je einen halben Brotfladen. Den zwei noch mit leeren Händen dastehenden Schülern gab er die beiden Fische. Und dann hörten sie die unglaubliche Anweisung aus dem Mund Jesu: »Geht jetzt zu den Menschen und gebt ihnen zu essen.«

Die Gruppe setzte sich in Bewegung – und ich bin sicher, daß sie nicht mit Begeisterung losmarschierten. Im Gegenteil: Vielleicht wünschten sich einige jetzt das berühmte Mauseloch. Sie fühlten sich ziemlich elend. Das mußte schiefgehen, und dann waren sie die Blamierten. Den ersten Gästen brachen sie etwas von dem halben Brotfladen ab und entschuldigten sich dabei, »sie müßten rationieren«. Aber dann machten sie die Entdeckung, daß das Brot in ihren Händen nicht weniger wurde. Sie trauten ihren Augen kaum – und plötzlich begriffen sie, was hier geschah: Ein Wunder! Wie ein Lauffeuer breitete es sich unter den Tausenden aus. Fünf Brote waren es gewesen und zwei Fische, und jetzt aßen alle. Die Begeisterung war grenzenlos. Das war in Israel noch nie geschehen. Als die

Sonne am Untergehen war und die Menschen nach Hause zogen, gab es nur noch ein Thema: Der Messias! Das mußte der von Gott versprochene Retter sein.

Es war einen Tag später. Wieder versammelte sich eine riesige Menschenmenge. Alle waren voller Erwartungen. Was würde er heute für sie tun? Welche Wunder würden sie heute erleben? Vielleicht hatten manche auf das Frühstück verzichtet in der Hoffnung, er würde ihnen ein Superfrühstück servieren. Jesus Christus aber empfing die Menschen mit einem ernüchternden Satz – und es ist ein Satz, den auch Sie unbedingt hören müssen:

Ich weiß genau, ihr sucht mich nur, weil ihr von dem Brot gegessen habt und satt geworden seid. Doch ihr habt nicht verstanden, daß meine Taten Zeichen sind (Johannes 6,26).

Ich wiederhole: Jesus sagte: »Ihr habt nicht verstanden, daß meine Taten Zeichen sind.« Es ging Jesus also am Abend zuvor nicht zuerst darum, daß Tausende satt wurden, sondern daß sie in diesem Wunder der Brotvermehrung ein göttliches Zeichen sehen sollten. Ein Zeichen ist ein Hinweis. Aber was sollte dieses wunderbare Abendbrot für ein Hinweis sein? Hören Sie Jesus selbst. Er sagte:

Ich bin das Brot, das Leben schenkt. Wer zu mir kommt, wird nie mehr hungrig sein. Wer mir vertraut, wird keinen Durst mehr haben (Johannes 6,35).

Die Menschen sollten begreifen, daß *er* das Brot ist, das *wirklich* satt macht: Brot für alle. Brot am Rande der Wüste. Brot des Lebens. Brot für jeden neuen Tag.

Es geht also nicht um Brot, sondern es geht um Jesus. Das ist bis heute das Aufregende des christlichen Glaubens: Es geht weder um Wunder noch um Wohlstand, es geht nicht zuerst um das Hier und Jetzt noch um das Dann und Drüben – es geht zuerst um Jesus. Wer das nicht begreift, hat nichts von dem begriffen, was Gott anbietet. Bereits Jahrhunderte zuvor hat das ein Mann des Glaubens niedergeschrieben:

Wenn ich nur dich habe, so frage ich nichts nach Himmel und Erde (Psalm 73,25).

Jesus selbst sagte dazu noch einen zentralen Satz. Hören Sie bitte genau hin:

Bemüht euch nicht um Nahrung, die verdirbt, sondern um Nahrung, die für das ewige Leben vorhält (Johannes 6,27).

Und Sie haben ja die Deutung Jesu gehört. Er, Jesus, ist die Nahrung für ein erfülltes und unvergängliches Leben. Um ihn soll sich der Mensch »bemühen«. Jesus muß im Zentrum Ihres Lebens stehen, dann wird alles gut. Er sagte bei jener Massenversammlung am frühen Morgen:

Ich bin das lebendige Brot, das vom Himmel gekommen ist. Jeder, der von diesem Brot ißt, wird ewig leben (Johannes 6,51).

Nun muß ich Ihnen zuerst einen zentralen Begriff der Bibel erklären, der in diesem 6. Kapitel des Johannesevangeliums 18mal in bezug auf Jesus Christus genannt wird – den Begriff »Leben«. »Ich bin das Brot des Lebens«, sagt Jesus.

Im Neuen Testament werden drei Bezeichnungen für Leben verwendet. Erstens: Für das irdische Dasein verwenden die Schreiber der Bibel an einigen wenigen Stellen den Begriff *Bios*. Davon wurde das Wort Biologie abgeleitet. Zweitens: Für die tiefere menschliche Existenz wird das Wort *Psyche* gebraucht. Wir kennen den Ausdruck Psychologie. Hier geht es um die Seele des Menschen, um die Empfindungen, Reaktionen und Verhaltensmuster. Drittens: Für eine völlig neue, von Gott geschenkte Lebensqualität verwendet die Bibel die Vokabel *Zoe*. Verwandt mit diesem Wort ist der Begriff Zoologie. Aber in der Bibel bezeichnet *Zoe* die höchste Stufe des Seins. *Zoe* ist Gottes Leben. Und diesen Begriff *Zoe* – göttliches Leben – finden Sie 18mal in diesem biblischen Kapitel. Jesus sagt: »Ich bin das Brot der *Zoe* – ich bin das Brot, das göttliches Leben schenkt.«

Physisches und psychisches Leben erhält der Mensch

durch Zeugung und Geburt. Die *Zoe*, das übernatürliche und göttliche Leben, ist sozusagen ein späteres Angebot Gottes. Wer dieses Angebot annimmt, wird dadurch zu einem Kind Gottes, wird mit göttlicher Autorität ausgerüstet und hat das Leben, das der Tod nicht mehr vernichten kann. Darum wird dieses Leben auch an einigen Stellen »ewiges Leben« genannt. Und nun – denken Sie sich bitte einmal in dieses Geschehen hinein – steht da der Wanderprediger Jesus von Nazareth vor einer riesigen Menschenmenge und ruft: »Ich bin das Brot des göttlichen Lebens.« Das mußte wie eine wahnsinnige Anmaßung von seinen Zuhörern empfunden werden. Kein Wunder, daß viele negativ darauf reagierten: »Was er da redet, geht zu weit! So etwas kann man nicht mit anhören!« (Johannes 6,60).

Aber genau das ist die harte Auseinandersetzung in der Begegnung mit Jesus Christus bis heute.

Jesus – das Brot

Stellen Sie sich einmal folgendes vor, Jesus hätte damals gesagt: »Ich bin die Sahnetorte für einen gemütlichen Sonntagnachmittag« oder »Ich bin eine erfrischende Kaltschale nach dem Mittagessen«. Das würde zwar seltsam klingen, aber genau der Vorstellung vieler Menschen entsprechen. Religion, ein Hauch Frömmigkeit – das war und ist ja auch heute wieder eine respektable Sache. Konfirmation, Trauung, ein ansprechender Weihnachtsgottesdienst – das waren und sind genußvolle Nachtische des Lebens, aber lediglich fromme Randverzierungen. Leben kann man auch ohne das alles. Millionen praktizieren das doch. Sie haben der Kirche und all dem Drum und Dran den Rücken gekehrt. Aber Jesus Christus sprach nicht von Religion, er sagte: Ich bin die Hauptmahlzeit, ich bin das unverzichtbare Brot, ich bin die Grundnahrung für jeden Menschen. Wer leben will, braucht mich. Er hat das damals noch deutlicher gesagt, geradezu schockierend deutlich:

Ich bin das lebendige Brot, das vom Himmel gekommen ist. Jeder, der von diesem Brot ißt, wird ewig leben. Täuscht euch nicht! Ihr habt keinen Anteil am Leben, wenn ihr den Leib des Menschensohnes nicht eßt und sein Blut nicht trinkt. Wer meinen Leib ißt und mein Blut trinkt, der hat das Leben für immer. Denn mein Leib ist die wahre Nahrung, und mein Blut ist der wahre Trank (Johannes 6, 51–55).

Jesus ist lebensnotwendig! Anders können diese Worte gar nicht verstanden werden.

Wieviel Verwirrung und kuriose Vorstellungen gibt es doch gerade an diesem entscheidenden Punkt des christlichen Glaubens.

Da spricht mich nach einem Gottesdienst ein Herr im mittleren Alter ganz begeistert an. Er berichtet von seiner guten Beziehung zum Pfarrer und davon, daß sie sogar per Du miteinander sprächen. Wenn immer er könne, würde er natürlich zur Kirche gehen. Und dann zählte er ausführlich seine guten Taten auf. Ich ließ ihn dreißig Minuten reden, und danach fragte ich ihn höflich, ob er Christ sei. Ich werde das zuerst entsetzte und dann verlegen lächelnde Gesicht dieses Mannes nicht vergessen. Hatte er nicht gerade unter Beweis gestellt, daß er nicht nur ein Durchschnittschrist sei, sondern geradezu ein Superchrist? Und nun eine solche Frage.

»Aber klar«, sagte er, als er sich etwas gefangen hatte.

Daraufhin fragte ich zurück: »Wie kommen Sie dazu, sich Christ zu nennen?«

Er schluckte kräftig und sagte: »Das habe ich Ihnen doch gerade ausführlich erklärt.«

»Moment«, entgegnete ich, »Sie haben gerade ausführlich davon gesprochen, was Sie alles tun und wie gut Sie sich mit Ihrem Pfarrer verstehen, aber Sie haben kein Wort davon gesprochen, welche Beziehung Sie zu Jesus Christus haben. Was bedeutet Ihnen eigentlich Jesus?«

»Diese Frage kommt aber sehr überraschend. Da muß ich erst mal nachdenken«, war seine Antwort.

»Richtig, und das sollten wir jetzt gründlich tun.«

Ich habe die Erfahrung gemacht, daß jeder, der erkannt hat, daß Jesus Christus das Brot des Lebens ist, bewegt von Jesus spricht und weniger von sich selbst redet. Man spricht ja immer von dem, was das Leben ausfüllt.

Als Jesus Christus vor 2000 Jahren sagte: »Ich bin das Brot des Lebens«, da haben viele den Kopf geschüttelt und sich dann aus dem Staub gemacht. Die Bibel berichtet, daß nach kurzer Zeit von den Tausenden nur noch zwölf übrig blieben – und das waren seine Schüler. Und Jesus stellte sie mit den Worten in die Entscheidung: »Und ihr, was habt ihr vor? Wollt ihr auch weggehen?« (Johannes 6, 67).

Jesus zwingt keinen, ihn als »das Brot des Lebens« anzuerkennen, keinen. Er sagt, was er ist, und überläßt uns die Entscheidung. Ich habe mich vor mehr als 30 Jahren für das Leben entschieden – für Jesus, und ich habe diesen Schritt nie bereut.

Jesus – das Brot für alle

Es gibt Nahrungsmittel, die sind nicht für alle, die können sich nur wenige Privilegierte leisten. Schauen Sie sich einmal die Speisekarte in einem Fünf-Sterne-Hotel an. Diese Küche ist nicht für den »Mann von der Straße«. Aber »Brot« wird überall gegessen – von Armen und Reichen, von Alten und Jungen, von Schwarzen und Weißen. Brot ist für alle. Darum bin ich froh, daß Jesus Christus sich »das Brot« nannte und nicht von irgendeinem lukullischen Gericht sprach. Er ist eben nicht nur für Leute mit einem religiösen Chromosom zuständig. Er ist nicht nur für eine theologisch interessierte Oberschicht kompetent. Er ist nicht nur für anlehnungsbedürftige Frauen da. Sie können diese Aufzählung x-beliebig fortsetzen. Ich bin vielen begegnet, die bei Gesprächen über Jesus Christus so oder ähnlich reagierten: »Herr Pfarrer, am besten, Sie unterhalten sich mit meiner Frau über solche Sachen. Die interessiert sich dafür. Jedem das Seine.« Oder: »Sie werden doch um Himmels willen nicht mit einem gläubigen Moslem über Jesus sprechen. Der hat ja seinen Glauben.«

Als ob Jesus Christus »ein Brot unter vielen Broten« sei. Nein! Jesus sagt: »Ich, ich bin *das* Brot.« Der Artikel ist entscheidend. Es charakterisiert das Einmalige. In der Bibel steht:

Jesus Christus und sonst keiner kann Rettung bringen. Auf der ganzen Welt hat Gott keinen anderen Namen bekannt gemacht, durch den wir gerettet werden könnten« (Apostelgeschichte 4,12).

»Auf der ganzen Welt hat Gott keinen anderen Namen bekannt gemacht.« Sie könnten genausogut sagen: Auf der ganzen Welt bietet Gott kein anderes Brot an. Das berechtigt mich und ermutigt mich, mit allen Menschen über Jesus zu sprechen und sie dazu aufzufordern, ihm zu vertrauen.

Ich entsinne mich noch gut daran, wie ich vor ungefähr zehn Jahren zum ersten Mal in St. Pauli vor Stadtstreichern predigte. Der Geruch, die kaputten Gesichter, das Wissen, daß die meisten alkoholabhängig sind – dies alles belastete und verunsicherte mich. Sollte ich ihnen wirklich Jesus als Brot des Lebens anbieten? War das nicht ein sinnloses Unterfangen? War Jesus für solche Außenseiter da? Später, als die ersten Stadtstreicher nach Jesus griffen und sich total für ihn öffneten, habe ich mich über dieses Denken geschämt. Jesus wurde für alle, die sich ihm anvertrauten, das Brot, das sie so satt machte, daß sie die Flasche weglegen konnten und die Kraft erhielten, ihr verkorkstes und vergammeltes Leben aufzugeben und noch einmal völlig neu zu beginnen. Wenn jemand Parkbank 17 sein Zuhause nennt und nur vom Sozialamt, von der Suppe der Heilsarmee und vom Stehlen lebt und jetzt einer geregelten Arbeit nachgeht und eine Wohnung sein eigen nennt, dann ist eine solche Veränderung nur aus der Kraft dieses »Brotes vom Himmel« zu erklären. Jesus ist die Nahrung, die ein neues Leben möglich macht.

Ein Unternehmer gab für seine Geschäftspartner ein Bankett und lud mich dazu ein. Ich sollte einen Vortrag über den christlichen Glauben halten. Da stand ich vor Architekten und Managern. Karriere und Wohlstand waren für sie das Alltägliche. Auch hier war ich zuerst unsicher. Würde meine Predigt über Jesus Christus auf solche Leute nicht so banal wirken wie ein Stück Brot nach einem Festessen? Nach meiner Ansprache aber baten mich einige um ein Gespräch unter vier Augen. Dabei entdeckte ich, daß sie Hunger hatten, Hunger nach wirklichem Leben, Hunger nach Jesus Christus.

Vor einiger Zeit saß ich neben einem Siebzehnjährigen. Er berichtete mir, daß er zu den Grufties gehörte, und erzählte davon, wie sie um Mitternacht in den Leichenhallen ihr Unwesen trieben. Aber am Abend zuvor war ihm die ganze Abwegigkeit und Perversion seines Lebens zum Bewußtsein gekommen. Er hatte sich nach meinem Vortrag beim Ruf zur Entscheidung für Christus gemeldet. Vor einem Seelsorgemitarbeiter sprach er sein erstes Gebet. Er bat Jesus, jetzt sein Leben zu übernehmen und all das Dunkle in ihm zu entfernen. Jesus erhörte diese Bitte. Als er nun mir in jenem Beichtgespräch gegenübersaß, um seine belastete und dämonisierte Vergangenheit endgültig über Bord zu werfen, konnte ich in meinem Herzen nur immer wieder »Danke Jesus« sagen und »Du bist wirklich das kraftvolle Brot des Lebens«. Hier hatte ein schon beinahe Verhungerter zugegriffen und gegessen. Äußerlich sah jener Junge noch aus wie ein Grufti, beinahe zum

Fürchten, aber seine Augen leuchteten. Er war zum ersten Mal in seinem Leben satt geworden.

Hören Sie noch einmal diese Aussage, die für alle Menschen aller Kontinente und aller Jahrtausende verbindlich ist:

Ich bin das Brot, das Leben (Zoe) schenkt. Wer zu mir kommt, wird nie mehr hungrig sein. Wer mir vertraut, wird keinen Durst mehr haben.

Das gilt auch für Sie. Jesus möchte Ihnen ein erfülltes Leben geben. Keinen Hunger mehr, keinen Durst mehr. Wenn ich durch die Straßen unserer Städte gehe, dann sehe ich so viele hungrige und durstige Menschen. Manchmal wünsche ich mir, es gäbe eine Kamera, die Bilder von der Seele des Menschen machen könnte. Es wären erschreckende Bilder, Bilder von bis aufs Skelett abgemagerten Seelen wie wandelnde Leichen. Verhungert – mitten im Wohlstand.

Es muß noch einmal laut und mit allen uns zur Verfügung stehenden Möglichkeiten gerufen werden: »Jesus ist das wahre Brot des Lebens.« Wir sollten unsere Gottesdienste gelegentlich auf die Fußgängerzone unserer Städte verlegen. Während wir als Christen in unseren »luxuriösen religiösen Hotels« schlemmen, verhungern auf den Straßen die Massen. Der Lazarus liegt vor der Tür unserer Kirchen. Sehen wir ihn noch? Oder beschäftigen uns die sterbenden Bäume mehr als die verhungernden Menschen? Es muß uns wieder voll zum Bewußtsein kommen, daß jeder ohne Jesus hoffnungslos verloren ist. Er ist das wahre »Brot für die Welt« – und es ist genug für alle da.

Und dazu noch diese Bemerkung: Hier muß nicht ängstlich rationiert werden. Für dieses Brot sind keine Lebensmittelkarten nötig, und niemand muß Schlange stehen. Als die Jünger damals behutsam und ängstlich die ersten Brocken abbrachen und sie verlegen austeilten, hatten sie keine Ahnung von der Fülle, die in den von Jesus gesegneten Broten lag. Sie haben das dann allerdings sehr schnell gemerkt. Auch ich möchte mir das jeden Tag neu bewußt machen: Genug für alle – wirklich genug, und mit dieser Gewißheit will ich den Menschen begegnen.

Jesus – das Brot für alle zum Essen

Das muß man ja einem Hungrigen nicht erst lang und breit erklären, daß das Brot, das er in den Händen hält, zum Essen da ist. Jeder hat das von klein auf gelernt, daß man so etwas zwischen die Zähne schiebt, kaut und dann hinunterschluckt. Brot ist normalerweise kein Anschauungsmaterial und kein bestaunenswerter Gegenstand. Die christliche Kirche ist kein Brotmuseum. Brot hat erst dann seinen Zweck erfüllt und hat erst dann Wirkung, wenn es in uns hineinkommt. Warum sage ich diese banalen Dinge? Meine Begründung: Weil das zwar beim Essen und Trinken klar ist, aber noch lange nicht im christlichen Glauben. Über Jesus diskutiert man, ihn bestaunt man oder läßt ihn links liegen, über ihn informiert man sich und setzt sich gegebenenfalls auch für ihn ein. Jesus aber nennt sich »das Brot des Lebens« – und Brot ist zum Essen da. Jesus sagte:

Täuscht euch nicht! Ihr habt keinen Anteil am Leben, wenn ihr den Leib des Menschensohnes nicht eßt (Johannes 6,53).

Übertragen Sie das bitte. Jesus Christus möchte in Sie hineinkommen. Das ist doch die logische Schlußfolgerung dieser Aussage. Dabei geht es natürlich nicht um Ihren Magen, sondern um Ihr Herz, um das personale Zentrum. Hören Sie dazu noch zwei Texte der Bibel. Der Apostel Paulus schreibt:

Darum lebe nun nicht mehr ich, sondern Christus lebt in mir (Galater 2,20).

Denn dies ist das Geheimnis: Christus lebt in euch (Kolosser 1,27).

Hier zunächst ein wichtiger Hinweis an alle noch religiös Orientierten: Bringen Sie bitte diese Sätze nicht so schnell mit dem Abendmahl oder der Kommunion in Verbindung. Das wäre eine geradezu verhängnisvolle Fehldeutung.

»Ich nehme Jesus in jeder Messe in mich auf«, sagte jemand. »Und wie funktioniert das?« wurde zurückgefragt. »Indem ich die Oblate schlucke«, war die Antwort. Daraufhin wurde weitergefragt: »Und wohin gelangt die Oblate? In Ihren Magen oder in Ihr Herz?« Betretenes Schweigen folgte. – Ich möchte hier keine kirchliche Handlung entwerten oder gar lächerlich machen. Aber ich möchte auf eine Gefahr hinweisen: Man darf ein Symbol nicht mit der Realität verwechseln. Ich zitiere dazu die Bibel: »Christus wohne durch den Glauben in euren Herzen« (Epheser 3,17).

Das Abendmahlsbrot oder die Oblate sind doch nicht der auferstandene Jesus Christus. Sie sind Zeichen. Als Jesus seinen Zuhörern zurief: »Ihr habt keinen Anteil am Leben, wenn ihr den Leib des Menschensohnes nicht eßt«, da wollte er doch damit die Leute nicht auffordern, ihn real zu essen. Eine solche Deutung wäre absurd. Ich sprach von Übertragung. Jesus redete in Bildern. Darum noch einmal die Deutung des Bildes: Den Leib Jesu essen heißt, ihn in sich aufzunehmen. Aber wie macht man das?

»Mein Freund ist dem christlichen Glauben gegenüber sehr aufgeschlossen«, sagte mir ein Mädchen. »Aber ich habe den Eindruck, daß er nicht weiß, wie man es anfangen kann, ich meine das mit dem ›Jesus aufnehmen‹. Und ich kann ihm das auch nicht so richtig erklären.«

Eine ältere Dame berichtete in einem Gespräch: »Meine Mutter hat uns sehr fromm erzogen, und ich lese täglich Luthers Abend- und Morgensegen. Ich glaube schon von Kindesbeinen an an Jesus. Aber es ist mir völlig unverständlich, wie ich Jesus Christus aufnehmen kann.«

Das scheint also das Problem zu sein. Wie man Brot ißt,

das ist klar, aber wie soll man Jesus »essen«? Was muß man tun, daß er in unser Leben kommt?

Ich kenne keinen anderen Weg als den, daß ein Mensch Jesus Christus in einem Gebet darum bittet. So jedenfalls habe ich es erlebt, und ich habe das bei vielen anderen miterlebt. Manche sprachen nur den einen Satz: »Herr Jesus, komm bitte jetzt in mein Herz und übernimm du die Führung meines Lebens.« Und danach wurden sie von Freude erfüllt und waren gewiß, daß es geschehen ist.

Wenn Sie das wirklich wollen, dann sagen Sie es doch jetzt Jesus Christus. Nehmen Sie ihn jetzt als »Brot des Lebens« an, und Sie werden die Wahrheit dieses Wortes erleben: »Ich bin das Brot, das Leben schenkt. Wer zu mir kommt, wird nie mehr hungrig sein. Wer mir vertraut, wird keinen Durst mehr haben.«

*Ich, ich bin das LICHT der Welt. Wer mir nachfolgt,
der wird das Licht des Lebens haben.*

ICH BIN das Licht –
Keiner muß im Dunkeln tappen

Es war im Tempel in Jerusalem, als Jesus Christus dieses Bildwort vom Licht sprach:

Ich, ich bin das Licht der Welt. Wer mir folgt, hat das Licht, das zum Leben führt, und wird nicht mehr im Dunkeln tappen (Johannes 8,12).

Die religiöse Elite umringte ihn, nicht etwa, weil sie von ihm lernen wollte. Im Gegenteil: Sie lauerte ihm auf. Sie wartete auf eine Aussage, die ihr das Recht gab, ihn festzunehmen, ihn zu linken. Jesus paßte absolut nicht in ihr Konzept. Was hatte er soeben wieder vom Stapel gelassen, »Ich, ich bin das Licht der Welt«? Eine Ungeheuerlichkeit. Ein Wanderprediger aus Nazareth – und Licht der Welt?

Ich möchte Ihnen diese Selbstaussage Jesu aus dem Originaltext – der Weltsprache damals – übersetzen. Dann erst werden Sie das Aufregende dieses Satzes ganz erfassen können. Jesus sagte: »Ich, ich bin das Licht des Kosmos.« Es wäre schon erregend gewesen, wenn er gesagt hätte: »Ich bin das Licht für Jerusalem« oder: »Ich bin das Licht Israels« oder: »Ich bin das Licht im römischen Imperium«. Aber Jesus sprach vom Kosmos, und das geht doch weit über das alles hinaus, das hat etwas mit dem Universum zu tun. Diese Aussage sprengte den Denkhorizont seiner Zeitgenossen. War das nicht eine unglaubliche Hochstapelei? Hier stand ein Mensch, und er sprach davon, daß er in letzter Ausschließlichkeit das Licht für den gesamten Kosmos ist. Wahnsinn so etwas. Wie lange sollten sie sich dieses anmaßende Gerede noch gefallen lassen?

Ich habe versucht, in wenigen Sätzen die Stimmung wiederzugeben, die damals im Tempel geherrscht haben muß. Wie gesagt, das war damals – vor beinahe 2000 Jahren. Wir aber leben an der Schwelle zum 21. Jahrhundert. Wir haben einen anderen Denkhorizont und andere Erfahrungswerte. Wie ordnen wir heute diese Selbstaussage Jesu vom »Licht des Kosmos« ein? Ist sie nicht auch für uns eine unwahrscheinliche Herausforderung? Jesus Christus und »Licht des Kosmos«?

Gab es nicht viele »Lichter« am Horizont der Geschichte? Menschen, die Großartiges geleistet haben. Menschen, die Umwälzendes gedacht haben. Menschen, die in aufopfernder Liebe sich selbst verschenkt haben. Stars – im wahrsten Sinne des Wortes. Und nun diese Verabsolutierung vom »Licht des Kosmos«.

In der Begegnung mit Jesus Christus kommt alles darauf an, wie er gesehen wird. Wenn Sie in Jesus Christus nur einen Menschen sehen, vielleicht eine ganz besondere Ausgabe Mensch, dann muß dieser Satz nivelliert und in Frage gestellt werden. Wenn Jesus Christus aber das war und ist, was er gerade in diesen Worten »Ich, ich bin« zum Ausdruck brachte, nämlich Gottes Sohn, dann ist diese Selbstaussage vom »Licht des Kosmos« ein ungewöhnlich befreiender Satz. Ich möchte Sie bitten, das einmal ohne Vorurteile und ohne vorgefaßte Meinung zu hören, vielleicht so, als würden Sie diesen Satz jetzt zum ersten Mal vernehmen.

Keiner muß im Dunkeln tappen, verspricht Jesus denen, die bereit sind, mit ihm zu gehen. Das ist atemberaubend.

Beachten Sie dazu zunächst einige ungewöhnliche Aussagen der Bibel:

Du sollst ihnen die Augen öffnen, damit sie aus der Finsternis ins Licht kommen, aus der Gewalt des Satans zu Gott (Apostelgeschichte 26,18).

Gott hat uns aus der Gewalt der dunklen Mächte gerettet und uns unter die Herrschaft seines geliebten Sohnes gestellt (Kolosser 1,13).

Was hat das Licht für Gemeinschaft mit der Finsternis? Sind

etwa Christus und der Teufel in Einklang zu bringen? (2. Korin-
ther 6,14.15).

Gott hat euch aus der Finsternis in sein wunderbares Licht ge-
rufen, damit ihr seine machtvollen Taten verkündet (1. Petrus
2,9).

Es ist Ihnen sicher aufgefallen, daß Licht und Finsternis
in diesen Texten personifiziert dargestellt werden. Jesus
nennt sich »das Licht des Kosmos«. Keiner käme auf den
Gedanken, dabei an eine Neonröhre oder an eine Glühbirne oder an einen Scheinwerfer zu denken. Das Licht, von
dem hier die Rede ist, ist also keine Sache, sondern eine
Person. So hat sich Jesus verstanden. Dagegen wird wohl
niemand protestieren. Jesus Christus – das Licht des Kosmos. Aber kritisch wird es, wenn auch die Finsternis in der
gleichen Weise personifiziert wird. Die einleuchtende For-
mel lautet dann: Finsternis ist Satan. Finsternis wäre dann
also nicht nur der Verlust des Lichtes, also irgendein hoffnungsloser Lebenszustand wie Angst, Einsamkeit, De-
pression oder Sucht, sondern eine Person, die all das
Dunkle, das Zerstörerische, das Einengende und Binden-
de verursacht. Beachten Sie auf diesem Hintergrund noch
einmal die schon angeführten Bibeltexte. Der Apostel Paulus zum Beispiel faßte seine Beauftragung in der Aussage
zusammen, daß Jesus Christus ihn dazu berufen hat, den
Menschen die Augen zu öffnen, daß sie sich »aus der Finsternis ins Licht« führen lassen. Und dann erklärt er, was
unter Finsternis und Licht zu verstehen ist, indem er sagt:
».. . aus der Gewalt des Satans zu Gott«. Die Gleichung lautet also: Finsternis = Satan. Licht = Gott. In der Bibel lesen
wir:

Gott ist Licht; in ihm gibt es keine Spur von Finsternis (1. Jo-
hannes 1,5).

Im zweiten bereits genannten Bibeltext wird das Ereignis des Christwerdens genauso markant, ja geradezu revolutionär beschrieben. Da wird gezeigt, daß es beim Christ-

werden nicht nur um einen Gesinnungswandel geht, um eine neue Einstellung zum Leben und um einen neuen Lebensstil, sondern zuerst und zutiefst um einen Herrschaftswechsel. Ich formuliere das einmal so: Ein Mensch kündigt Satan und unterzeichnet einen Anstellungsvertrag bei Christus. Oder noch deutlicher: Ein Mensch wird aus dem Vernichtungslager des Teufels befreit und darf ein neues Leben in der entfaltbaren Lebensgemeinschaft mit Jesus Christus beginnen. Hören Sie noch einmal den Satz aus der Bibel: »Gott hat uns aus der Gewalt der dunklen Mächte gerettet und uns unter die Herrschaft seines geliebten Sohnes gestellt.«

Klartext spricht auch die dritte Bibelstelle. In ihr wird das Unvereinbare zwischen Licht und Finsternis, zwischen Christus und Satan angesprochen. Die Grenzen sind haarscharf gezogen. Kooperation ist unmöglich. Wir lesen, daß »das Licht keine Gemeinschaft mit der Finsternis hat« und daß darum auch »Christus und der Teufel« nicht »in Einklang zu bringen« sind. Beachten Sie dabei wieder den Vergleich *Licht und Christus, Finsternis und Satan.*

Diesen Vergleich müssen wir auch auf die Selbstaussage Jesu anwenden. Wenn er sich das Licht des Kosmos nennt und dann sagt, daß die, die sich ihm anschließen, nicht mehr in der Finsternis tappen werden, dann heißt das doch in letzter Konsequenz, daß jeder, der ohne Bindung an Christus lebt, dem Satan verfallen ist und ihm unbewußt oder bewußt zur Verfügung steht. Das ist allerdings aufregend und reizt zum Widerspruch. Ist das nicht wieder eine von diesen üblen und undifferenzierten Schwarzweißmalerei-Aussagen? Licht und Finsternis. Gott und Satan. Menschen, die mit Christus leben, und Menschen, die dem Satan hörig sind? Ein Kollege sagte mir, daß er nicht in schwarz-weiß denkt, sondern mehr in Farbe. Wäre nicht auch an dieser Stelle eine anziehendere Farbskala angebracht? Ich möchte mich nicht auf irgendein farbiges

Denkschema einlassen, sondern die Schwarz-weiß-Aussage Jesu ernst nehmen. Das Wort vom Licht des Kosmos und vom Tappen in der Finsternis wird konturlos und nebulös, wenn wir anfangen, es mit einigen philosophischen oder psychologischen oder theologischen Farbtupfern angenehmer und annehmbarer zu machen.

Finsternis – unsere ursprüngliche Lebenswirklichkeit

Ich möchte jetzt nicht in den Dunkelkammern der Menschheitsgeschichte und in den Kellerräumen des Lebens wühlen. Aber wer einigermaßen realistisch beobachtet und denkt, wird der Bibel recht geben, die sagt:

Auf der ganzen Erde liegt Finsternis, die Völker tappen im Dunkel (Jesaja 60,2).

Warum ist das so? Steckt dahinter ein gnadenloses Schicksal? Ist das alles unabänderlich vorprogrammiert? Kriege, Unterdrückung, Krankheit, Haß, Tränen und am Ende der Tod?

Die Bibel klärt uns auf. Sie berichtet, daß der Mensch irgendwann einmal das Paradies verlassen mußte. Die Ursache war Ungehorsam, das Übertreten eines göttlichen Gebotes. Aber das alles geschah nicht aus menschlicher Initiative, aus allein menschlich intellektuellen Beweggründen. Es wird gesagt, daß eine finstere Macht den Menschen verführte. Der Mensch hörte diese Stimme und gehorchte ihr. Er hätte auch anders entscheiden können. Die Wahl lag bei ihm. Aber der Mensch traf die falsche Entscheidung, und damit wurde Satan zum Boß und der Mensch zum Untertan. Das Tor des Paradieses schloß sich hinter dem Menschen, und ein Leben in Abhängigkeiten begann. Alle Jahrhunderte der Menschheitsgeschichte sind davon gekennzeichnet, aber auch jedes einzelne Menschenleben zeigt mehr oder weniger die Spuren dieser finsteren Macht. Wer die Sünde, wer all das Fehlverhalten des Menschen, wer die seelischen Deformierungen wie Haß, Neid, Streit, Besitzstreben usw. nur auf der Ebene des rein Menschlichen sieht, der blickt einfach zu kurz. Diese Sicht ist oberflächlich und darum falsch. Die Heilige Schrift spricht von dem geheimen Drahtzieher und von den »Dunkelmännern«, die pausenlos als Partisanen des Bösen unterwegs sind, die verführen, schüren, hetzen, vernichten.

Damit stellt sich natürlich die Frage nach dem Ursprung des Bösen überhaupt. Hier möchte ich aus dem Buch »Geht unsere Jugend zum Teufel?« eine Passage von Professor Dr. Hans Rohrbach zitieren:

Ein Glaube an die Existenz von Satan, Teufeln, bösen Geistern und Dämonen wird häufig als gegenstandslos abgelehnt. Das ist richtig, sofern es sich um Teufelsvorstellungen des Volksaberglaubens handelt. Die Bibel aber weiß von Satan und seinen »Engeln« als personhaften Mächten, doch hütet sie ihr Wissen als Geheimnis. Nur in verschlüsselten Texten spricht sie davon, daß Satan ein sehr hoher Engel gewesen sei, den Gott um seines Hochmuts willen verstieß und auf die Erde verbannte. Unter dem Abbild eines Königs von Tyrus heißt es: »Du warst ein glänzender, schirmender Cherub, und auf den heiligen Berg hatte ich dich gesetzt; ein Gott warst du und wandeltest inmitten der feurigen Steine (höchster Engel). Du warst ohne Tadel in deinem Tun von dem Tage an, als du geschaffen wurdest, bis an dir Missetat gefunden wurde. Da verstieß ich dich vom Berge Gottes und tilgte dich, du schirmender Cherub, aus der Mitte der feurigen Steine« (Hesekiel 28,11ff).

Und ähnlich heißt es von einem gestürzten Weltherrscher: »Wie bist du vom Himmel gefallen, du schöner Morgenstern! Wie wurdest du zu Boden geschlagen, der du alle Völker niederschlugst! Du aber gedachtest in deinem Herzen: Ich will in den Himmel steigen und meinen Thron über die Sterne Gottes erhö-

hen... Ich will auffahren über die Wolken und gleich sein dem Allerhöchsten« (Jesaja 14,12ff.).

Jesus bestätigt den Sturz Satans mit den Worten:

»Ich sah den Satan vom Himmel fallen wie einen Blitz« (Lukas 10,18).

Jesus nennt ihn sogar den Fürsten dieser Welt (Johannes 12,31; 14,30; 16,11).

Daß Satan sich als Geschöpf gegen Gott auflehnen konnte mit dem Gedanken, nicht mehr nur der höchste Engel unter Gott, sondern Gott gleich zu sein, beruht auf der Entscheidungsfreiheit, die Gott allen hohen Geschöpfen, den Engeln und den Menschen, verliehen hat; sie gehört zu der Gottesebenbildlichkeit.

Durch die Trennung von Gott und vom Reich des Lichtes wurde aus dem hohen Engel der Böse und aus dem Teil des Unsichtbaren, in das er hinabgestürzt wurde, das Reich der Finsternis. Da er (innerhalb des Unsichtbaren) auf die Erde gestürzt wurde, umgibt dieses Reich die Erde in dem komplementären Ineinander von Sichtbarem und Unsichtbarem. Das bezeugen alle Adventsverheißungen, z. B.:

»Das Volk, das im Finstern wandelt, sieht ein großes Licht, und über denen, die da wohnen im finstern Lande, scheint es hell« (Jesaja 9,1).

Das Licht, das die Finsternis erhellt, ist Jesus, der verheißene Messias.

»Und das Licht scheint in der Finsternis, und die Finsternis hat's nicht ergriffen« (Johannes 1,5).

Die Trennung des hohen Engels von Gott bewirkte aber auch, daß alle seine hohen Eigenschaften an ihm in das Gegenteil verwandelt wurden und durch ihn sich ausbreiteten. Aus Licht wurde Finsternis, aus Liebe Haß, aus Wahrheit Lüge, aus Herrlichkeit Niedrigkeit, aus Friede Unfriede, aus Barmherzigkeit Grausamkeit, aus Gnade Brutalität, aus Freude Traurigkeit, aus Seligkeit Leid, aus Geborgenheit Angst, aus Weisheit List. Mit einem Wort: Durch seinen Sturz entstand nicht nur der Böse, sondern auch das Böse.

Die Bibel sagt:

Der Satan, der diese Welt beherrscht, hat die, die verloren gehen, mit Blindheit geschlagen, so daß sie der Guten Nachricht von Jesus nicht glauben und ihren hellen Glanz nicht sehen können (2. Korinther 4,4).

Diese Blindheit, von der hier die Rede ist, ist ein Teil der Finsternis, aus der Jesus Christus den Menschen befreien möchte – die Blindheit, ihn nicht als den zu erkennen, der allein echtes und erfülltes Leben geben kann. Wie dicht diese Finsternis ist, zeigen die weithin leeren Kirchen, das Desinteresse am christlichen Glauben und die geradezu erschreckende Unwissenheit über Jesus Christus.

Vor einiger Zeit habe ich in Stuttgart eine Meinungsumfrage zum Thema »Wie werde ich Christ?« gemacht. Ich war erstaunt, daß sich viele interviewen ließen. Die junge Mutter, der Taxifahrer, die alte Dame, der Versicherungskaufmann – sie alle gaben Auskunft. Aber keiner konnte eine biblisch begründete Auskunft geben. Sie hatten alle ihre Meinung zum Thema, aber sie hatten keine Ahnung. Menschen, die »im Dunkeln tappen«.

Ich sagte schon, daß Jesus Christus diese Selbstaussage vom »Licht des Kosmos« im Tempel in Jerusalem machte und daß dabei die Wogen hoch gingen. Dort waren ja religiöse Leute versammelt und keine Atheisten. Dort trafen sich die, die es peinlich genau mit ihrem Glauben nahmen. Für sie war das wie ein Schlag ins Gesicht, wenn Jesus sie als im Dunkeln tappende Menschen ansprach und ihnen dann auch unmißverständlich erklärte, was darunter zu verstehen ist. Die heiße Diskussion, die Jesus damit auslöste, erreichte ihren Siedepunkt, als er erklärte:

Wäre Gott wirklich euer Vater, dann würdet ihr mich lieben. Denn ich bin von Gott zu euch gekommen. Ich kam nicht aus eigenem Antrieb, sondern er hat mich gesandt. Warum versteht ihr denn nicht, was ich sage? Ihr seid Kinder des Teufels, der ist euer Vater, und nach seinen Wünschen handelt ihr (Johannes 8, 42–44).

Das war nicht nur hart, sondern geradezu unheimlich: »Ihr seid Kinder des Teufels.« Damit hatte Jesus für alle Zeiten festgelegt, daß die Liebe zu ihm das Kennzeichen der Menschen ist, die zu Gott gehören, und daß Gleichgültigkeit gegenüber ihm, innere Kälte und Ablehnung, die Infragestellung seiner Göttlichkeit, die Kritik an seinen Worten – also alles, was die Liebe ausschließt – ein Merkmal derer ist, die unter der Regie des Teufels leben. Wie nannte es Jesus? »Ihr seid Kinder des Teufels, der ist euer Vater.«

Ein Mensch muß also nicht erst zum Mörder werden oder sich in irgendwelche okkulten Praktiken einlassen, um »Kind des Teufels« zu werden. Ich muß nicht schrecklich negative Charakterveranlagungen haben oder gegen alles Religiöse aggressiv reagieren, um zu denen zu gehören, die Jesus »Kinder des Teufels« nennt. Die fehlende Liebe zu Jesus entscheidet das.

Wenn Sie diesen biblischen Maßstab auf Ihr Leben anwenden, in aller Offenheit und Konsequenz, dann können auch Sie erkennen, wem Sie angehören: Satan oder Jesus. Dann wissen Sie, ob Sie noch in der Finsternis sind oder ob Sie schon im Licht leben.

Stellen Sie sich bitte vor, Jesus Christus würde jetzt sichtbar vor Ihnen stehen und Ihnen die gleiche Frage stellen, die er vor 2000 Jahren am See Tiberias Petrus stellte, die Frage: »Liebst du mich?« Welche Antwort könnten Sie oder müßten Sie dann geben?

Wenn ich durch die Straßen unserer Städte gehe, wenn ich in Schulen mit jungen Menschen im Gespräch bin, wenn ich in Hallen, Kirchen und Zelten predige, dann erschrecke ich bei diesem Gedanken: »Wieviele können wirklich sagen, daß sie Jesus Christus lieben?«

Licht – der neue, wählbare Lebensraum

Eine Frau bat mich, mit ihr zu beten. Sie erklärte mir, daß sie rauchen müsse, obwohl ihr das der Arzt streng untersagt hat. Alles habe sie schon versucht, aber immer wieder müsse sie zur Zigarette greifen. Nun erhoffte sie sich Freiheit durch Gebet. Ich schnitt nach dieser Schilderung zuerst ein anderes Thema an. Ich fragte sie nach ihrer Beziehung zu Jesus Christus und ob sie ihm schon ihr Leben anvertraut habe. Das schien für sie etwas ganz Neues zu sein. Immer wieder wies sie auf ihre christliche Erziehung hin, erzählte von ihrer betenden Mutter und davon, daß natürlich auch sie an Gott glaube. Es war nicht einfach, ihr klar zu machen, daß nur eine persönliche Beziehung zu Jesus Christus ihr wirkliche Freiheit und ein neues Leben geben könne. Sie wollte in der Finsternis, in der sie sich noch bewegte, einen kleinen Lichtblick erleben. Jesus aber bietet nicht nur Lichtblicke, er will, daß der Mensch ans Licht kommt und dann ein Leben im Licht führt. Darum sagte er:

Ich, ich bin das Licht des Kosmos. Wer mir folgt, hat das Licht des Lebens und wird nicht mehr im Dunkeln tappen.

Seinen Zeitgenossen rief er in diesem Zusammenhang zu:

Ich, ich bin der, an dem sich alles entscheidet. Wenn ihr das nicht glauben wollt, werdet ihr an eurer Schuld zugrunde gehen (Johannes 8,24).

So hat Jesus Christus damals die Menschen zu einer kompromißlosen Hingabe an ihn aufgefordert – und weil, wie er selbst sagte, Himmel und Erde vergehen werden, aber seine Worte nicht, darum ist dieses Wort von der kompromißlosen Hingabe, die Bibel nennt es Nachfolge, auch für uns bindend. Licht, Lebensgemeinschaft mit Jesus Christus, ist der neue Lebensraum, den Sie wählen können.

Ich hatte schon einige Vorträge über dieses Jesuswort vom »Licht des Kosmos« gehalten, als mir mitten in einer Ansprache der Nachsatz aufleuchtete: »...sondern wird das Licht des Lebens haben«. Plötzlich erkannte ich das beinah Unglaubliche dieser Zusage Jesu. »Licht des Lebens«, das ist ja Er selbst. »Du kannst mich haben«, sagt Jesus. »Ich gebe dir nicht etwas, sondern ich gebe mich dir.« Für Theologen leuchten hier Warnsignale auf. »Jesus haben? – das ist doch eine völlig unmögliche Vorstellung. Das klingt doch so, als hätte ich Gott im Griff.« Nein, natürlich nicht sò. Warum auch dieses negative Bild? Es gibt auch eine bessere Deutung, eine Deutung aus dem Bereich der Liebe. Da sagt ein junger Mann begeistert und stolz: »Ich habe eine Freundin.« Dabei strahlt die Freude aus allen Knopflöchern. Jesus, das »Licht des Kosmos« und das »Licht des Lebens«, bietet uns seine Freundschaft an. Ich darf das ganz persönlich sagen: »Jesus möchte mit Ihnen für immer zusammen sein. Sie können Jesus haben.«

Wer den Sohn Gottes hat, der hat das Leben (1. Johannes 5,12).

Und in diesem inneren Zusammensein mit Jesus Christus wird Ihnen das gegeben, was Sie erfüllt und wodurch Sie anderen zum Segen werden.

Da ist zuerst das Stichwort »Rettung« zu nennen. Ich erinnere noch einmal an das zentrale Bibelwort zu diesem Thema: »Gott hat uns aus der Gewalt der dunklen Mächte gerettet und uns unter die Herrschaft seines geliebten Sohnes gestellt.«

Satan ist der Chef dieser »dunklen Mächte«, die die Bibel auch Dämonen und böse Geister nennt. Weil Satan ein finsterer Chef ist und diese Dämonen und Geister dunkle Untergebene, darum fliehen sie vor dem Licht, sie fliehen vor Jesus Christus. Das ist unsere Rettung. In der Gemeinschaft mit dem Sohn Gottes sind wir absolut sicher vor Satan. Freiheit und durch Jesus Christus geistliche Überlegenheit ist die Erfahrung in diesem neuen Lebensraum. Ist das schon Ihre Erfahrung? Sind Sie frei von Bindungen, frei von zerstörenden Gefühlen und Gedanken, frei von Haß und Jähzorn, frei von perversen Empfindungen? Die Bibel sagt:

Der Sohn Gottes ist auf die Erde gekommen, um die Werke des Teufels zu zerstören (1. Johannes 3,8).

Dann bedeutet »Licht« natürlich auch Vergebung der Sünde. Ich zitiere dazu einen Satz aus der Bibel:

Leben wir aber im Licht, so wie Gott im Licht ist, dann sind wir miteinander verbunden, und das Blut, das sein Sohn Jesus für uns vergossen hat, befreit uns von jeder Schuld (1. Johannes 1,7).

Ein Psychiater sagte einmal: »Viele Patienten, die in unseren psychiatrischen Anstalten sind, müßten nicht hier sein, wenn sie die Vergebung ihrer Sünden erfahren hätten.«

Ich möchte diese Aussage erweitern: Viele Ehen würden nicht zerbrechen, viele Familien wären kein Kriegsschauplatz mehr, viel Einsamkeit, Angst und Krankheit müßte nicht sein, wenn die Menschen durch Jesus die Vergebung ihrer Sünden erlebten. Sünde zerstört, Vergebung heilt. Vergebung aber verpflichtet auch. Billy Graham schreibt dazu: »Jesus starb am Kreuz für unsere sündhafte Natur wie auch für die konkreten Sünden, die sich daraus ergeben. Angesichts dieser Tatsache sollten wir uns so weit wie möglich von der Sünde entfernt halten – und nicht versuchen, so nahe wie möglich heranzukommen, ohne von ihr gepackt zu werden.« Wer mit Jesus, dem »Licht des Kosmos«, lebt, wird aufrichtig nach Heiligung in allen Lebensbereichen streben.

Licht beinhaltet auch Liebe, eine neue Beziehung zu den Menschen, die unabhängig ist von Sympathie und Antipathie, die die nationalen, die rassischen und die religiösen Schranken durchbricht, die nicht auf das Äußere sieht, sondern in jedem Menschen einen Bruder erblickt. In der Bibel lesen wir:

Nur wer seinen Bruder liebt, lebt wirklich im Licht. Wer aber seinen Bruder haßt, der lebt in der Dunkelheit. Er tappt im Dunkeln und hat die Richtung verloren; denn die Dunkelheit hat ihn blind gemacht (1. Johannes 2,10.11).

Diese Liebe ist ein Geschenk Gottes. Sie erhalten dieses Geschenk in der Lebensgemeinschaft mit Jesus Christus.

Während einer Evangelisation in einer Kleinstadt sprach ich auf der Straße einen jungen Mann an. Als er den Einladungszettel in meiner Hand erblickte, wurde er ausfällig, beschimpfte mich und wandte sich dann zornig ab. In meinem Herzen spürte ich Gottes Liebe für diesen jungen Menschen, so daß es mir nicht schwer fiel, ihm zu vergeben und für ihn zu beten. Am nächsten Tag traf ich ihn auf dem Marktplatz und grüßte ihn freundlich. Er hatte sich gerade eine Tüte mit Gummibärchen gekauft. Plötzlich kam er auf mich zu, hielt mir die Tüte hin und bat mich zuzugreifen. Das war der Einstieg zu einem guten Gespräch. Die Liebe Gottes hatte seine Aggression besiegt.

Jesus sagte einmal:

Wenn ihr einander liebt, werden alle erkennen, daß ihr meine Jünger seid (Johannes 13,35).

Der neue Lebensraum – das Leben mit Jesus Christus – ist auf Entfaltung angelegt. Gott hat in Sie viel hineingelegt, das sich nur in der Gemeinschaft mit Jesus Christus entfalten kann. Der Mensch ist kein Nachtschattengewächs. Wir brauchen das Licht. Darum ist Jesus Christus unsere einzige Chance.

Standortwechsel gefordert

Die Selbstaussage Jesu vom »Licht des Kosmos« kann man sich anhören, sie bestaunen oder sie verwerfen, sie akzeptieren oder sie hinterfragen. Weder das eine noch das andere wird eine Wirkung auf unser Leben haben, denn beides läuft auf einer Ebene ab, die Jesus nicht zuerst angesprochen hat, der intellektuellen Ebene. Er sprach nicht zuerst das Denken an, er sprach von Nachfolge, und die meint den ganzen Menschen. Er sagte: »Ich, ich bin das Licht des Kosmos. Wer mir folgt, hat das Licht des Lebens und wird nicht mehr im Dunkeln tappen.« »Folgen« war damals und ist auch heute noch ein Heraustreten aus der Masse, ein Wechsel des bisherigen Standortes. »Wer mir folgt«, das ist Bindung an Jesus und die Bereitschaft, Schritt für Schritt mit ihm zu gehen. »Wer mir folgt«, das ist der Schlußstrich unter einem Leben in Eigenregie und die Bereitschaft, ihn als Herrn anzuerkennen. »Wer mir folgt«, das ist das Nein zu Satan und das kompromißlose Ja zu Gott. »Wer mir folgt«, das ist eine Sache des gesamten Lebens – Tage, Wochen, Monate, Jahre. Aber es beginnt mit einem ersten Schritt, wie auch jede Wanderung mit einem ersten Schritt beginnt.

Jemand hat stundenlang vor einer Wanderkarte gebrütet, er hat Wege überlegt und die Zeit abgecheckt, hat sich mit Freunden ausgetauscht und alles zur Wanderung Nötige bereitgestellt. Aber was ist, wenn er den ersten Schritt nicht tut, wenn er sich nicht wirklich aufmacht? Dann war doch all das Planen und Denken und Reden und Ordnen umsonst.

Da werde ich nach einem Jugendabend zu einem 23jährigen gerufen. Er macht einen sehr sympathischen Eindruck auf mich, und wir haben sofort einen guten Kontakt. Er hat einige Fragen zur Bibel, echte Fragen, und er hört aufgeschlossen zu, wenn ich antworte. Es interessiert ihn, wie Gott die beurteilt, die während des Lebens nie etwas von Jesus gehört haben. Und dann bewegt es ihn, ob nicht auch gute Taten nötig sind, um in den Himmel zu kommen. Mitten in den Fragen und Antworten komme ich auf den Gedanken, ihm eine ganz persönliche Frage zu stellen: »Hast du schon den ersten Schritt getan?« Verwundert schaut er mich an.

Ich versuche zu erklären: »Hast du schon Jesus bewußt als deinen Retter und Herrn angenommen?«

»Schon immer«, antwortet er. »Ich weiß, daß er mich geschaffen hat, und ich habe gestern Abend für den schönen Tag gedankt. Überhaupt bete ich auch sonst gelegentlich.«

Offenbar hatte er noch nicht begriffen, was ich meinte. So erklärte ich ihm ausführlich, daß jeder Mensch in einem Areal der Finsternis, getrennt von Gott, geboren wird und dort solange lebt, bis er sich bewußt in einem Akt der freien Entscheidung Jesus Christus übereignet.

»Darüber werde ich nachdenken müssen«, sagte er und verabschiedete sich dann von mir. Klar war: Den ersten Schritt hatte er noch nicht getan. Aber ich habe Hoffnung, daß Gott ihn nicht in Ruhe läßt, bis er sich wirklich aufmacht und ins »Licht« tritt.

Diese Nachfolge kann jetzt auch für Sie beginnen. Sprechen Sie mit Jesus Christus selbst, der »das Licht des Kosmos« ist, und sagen Sie ihm, daß Sie ihm gehören wollen. So können Sie die befreiende Wahrheit dieses Wortes erleben: »Ich bin das Licht der Welt. Wer mir folgt, hat das Licht des Lebens und wird nicht mehr im Dunkeln tappen.«

Ich, ich bin die TÜR; wenn jemand durch mich hineingeht, wird er gerettet werden und wird ein- und ausgehen und Weide finden.

ICH BIN die Tür – Eingang zum Leben

»Besuch in einem Kinderheim des Horrors« – diese Schlagzeile las ich in einer Tageszeitung. Im Fettdruck stand darunter: »Ein langer Eisenriegel wird zurückgeschoben, es öffnen sich Flügeltüren zu einem Zimmer des Horrors. Auf Preßholzgestellen hocken zwischen Lumpen Kinder wie die Tiere, die Körper eng aneinandergedrängt. Manche richten ihre kalkweißen Gesichter mit dunklen Augenhöhlen zur Tür...« Und dann werden die Zustände in einem der Kinderheime Rumäniens geschildert. »Aufbewahrungsanstalten für die Ausgemusterten«, »Kindervernichtungsheime« für unwertes Leben. Entsetzliche Bilder.

Zwei Deutsche, ein Spediteur und ein Journalist, die Konvois mit Gütern nach Rumänien begleitet hatten, entdeckten das Heim in Cighid und alarmierten die Öffentlichkeit. Dadurch öffnete sich für diese Kinder eine Tür zum Leben. Hilfsgüter rollten an. Familien waren zur Adoption bereit. Für manche war es Rettung in letzter Stunde.

Entschuldigen Sie, wenn ich diesen Bericht des Grauens, oder vielleicht sollte ich besser sagen, diesen Bericht der Rettung, mit einem der »Ich-bin-Worte« Jesu in Verbindung bringe:

Ich bin die Tür. Wer durch mich hineingeht, wird gerettet (Johannes 10,9).

Auch hier ist von Rettung die Rede, und auch hier ist von einer Tür die Rede, die sich zur Rettung und zum Leben öffnet. Jesus Christus nennt sich die »rettende Tür«.

Ich höre da natürlich einige kritische Anfragen: Ist ein solcher Vergleich mit einem der Kinderheime Rumäniens nicht eine peinliche Überzeichnung? Oder: Ist dieser Absolutheitsanspruch Jesu, die eine Tür zur Rettung zu sein, in unserer pluralistischen Gesellschaft noch durchzuhalten? Oder: Kann man das so ohne Nuancen und Einschränkungen einfach auf alle Menschen übertragen, wenn Jesus sagt: »Wer durch mich hineingeht, wird gerettet«?

Ist es nicht so: Wenn irgend etwas heute absolut gesetzt wird, dann stößt das auf Widerstand und auf Widerspruch. Jesus Christus war und ist in diesem Sinn eine provozierende Persönlichkeit. An seinen Worten entzündete sich vor 2000 Jahren und entzündet sich auch heute der Protest. Jeder aber sollte sich darüber klar sein, daß es in der Begegnung mit Jesus um die Wahrheitsfrage geht, und Wahrheit kann nicht relativiert werden. Hören Sie darum zuerst noch einmal diesen Satz, den Jesus Christus seinen Zeitgenossen und darüber hinaus allen sagte, die diesen Planeten betreten. Ich übersetze ihn in der ursprünglichen Bedeutung: »Ich, ich bin die Tür. Nur wer durch mich hineingeht, wird gerettet, und er wird ein- und ausgehen und Weideland finden.«

Während meines Theologiestudiums in Frankfurt habe ich an den Sonntagen gelegentlich religiöse Sondergruppen besucht, um mich an Ort und Stelle zu informieren. So geriet ich an einem Sonntag zu den Bahai's. Ich wurde aufgeklärt, daß sie unbedingte Toleranz gegenüber allen Glaubensbekenntnissen und Religionen leben. Ihr Ziel sei die Einheit der Religionen. In Kampala, in Sydney, in Langenhain bei Frankfurt, in Haifa und anderen Orten wurden prunkvolle Tempel gebaut. Es sind Rundbauten mit jeweils neun Eingängen für die Anhänger der neun Weltreligionen. Für jede dieser Weltreligionen gibt es eine Tür, über der der Name des Religionsstifters steht – auch eine Tür für das Christentum. Über ihr steht der Name »Jesus Christus«.

Genau das entspricht dem Denken und Empfinden des

modernen Menschen. Damit kann er sich identifizieren, selbst wenn er für Religion wenig Sympathie empfindet.

Die Welt ist überschaubar geworden. Die verschiedensten Religionen treffen sich oft auf engem Raum. Kann man sich da noch mit Abgrenzungen und Ausgrenzungen befassen? Sollte man nicht endlich konsequent das Einigende suchen und alles andere rigoros streichen? Das ist der Trend, der heute bestimmend ist. Die Bibel aber macht hier nicht mit. Jesus Christus sagt Nein zu einem solchen Wischi-waschi-Kurs. Dabei muß klar sein, daß es nicht um Eigenbrötlerei geht und nicht um blinden Fanatismus. Es steht die Wahrheit auf dem Spiel.

Ein Arzt darf nie aus Mitleid eine Diagnose ignorieren. Wenn eine Operation nötig ist, wäre es sträflich, so zu tun, als ob Bettruhe genüge.

Wenn ein Lehrer aus Toleranz und Sympathie auch die falschen mathematischen Lösungen seiner Schüler akzeptierte, müßte er disqualifiziert werden.

Es gäbe ein verheerendes Verkehrschaos, dürfte jeder Verkehrsteilnehmer die Verkehrsschilder nach Belieben interpretieren und die Verkehrsregeln nach Lust und Laune befolgen.

Darum ist diese Selbstaussage Jesu einer der Schlüsselsätze der Bibel, denn es geht hier nicht um irgendwelche religiösen Ansichten, sondern um das Leben selbst. Es geht um unsere Existenz, wenn Jesus Christus sagt:

Ich bin die Tür. Wer durch mich hineingeht, wird gerettet. Er wird ein- und ausgehen und Weideland finden. Der Dieb kommt nur zum Stehlen, Töten und Zerstören. Ich aber bin gekommen, damit sie das Leben haben, Leben im Überfluß (Johannes 10,9.10).

Leben ist der zentrale Begriff. Darum dreht sich alles. Auch im christlichen Glauben. »Ich aber bin gekommen, damit sie das Leben haben«, sagt Jesus, und er fügt hinzu: »Leben im Überfluß«. Also nicht nur Überleben oder Leben auf Sparflamme, sondern Leben im Überfluß. Es ist Leben in drei Dimensionen: Gerettetes Leben, geheiltes Leben und gestaltetes Leben.

Gerettetes Leben

Ich bitte Sie dringend, Ihr Leben vom Ziel her zu sehen. Nur wer das Jenseits in die Lebenskalkulation einbezieht, liegt richtig. Die Bibel berichtet:

Dann sah ich einen großen weißen Thron und den, der darauf sitzt. Die Erde und der Himmel flüchteten bei seinem Anblick und verschwanden für immer. Ich sah alle Toten, Hohe und Niedrige, vor dem Thron stehen. Die Bücher wurden geöffnet, in denen alle Taten aufgeschrieben sind. Den Toten wurde das Urteil gesprochen; es richtete sich nach ihren Taten, die in den Büchern aufgeschrieben waren (Offenbarung 20,11.12).

Vor diesem Ereignis kann sich keiner drücken. »Ich sah alle Toten, Hohe und Niedrige, vor dem Thron stehen.« Der Gerichtstag Gottes wird hier beschrieben. Die Menschen müssen sich vor Gott verantworten. Alles kommt zur Sprache, auch das, was in diesem Leben verborgen blieb. Die Bibel sagt:

Wenn Gott über die geheimen Gedanken der Menschen Gericht halten wird, kommt alles an den Tag (Römer 2,16).

Und Jesus, der das menschliche Herz am besten kannte, erklärte:

Aus dem Herzen kommen die bösen Gedanken, Mord, Ehebruch, Unzucht, Diebstahl, Verleumdungen und Beleidigungen (Matthäus 15,19).

Welch ein Entsetzen wird das auslösen, wenn Gott in diesem Prozeß nicht nur unsere Taten, sondern auch unser Denken wie in einem Film an uns vorüberziehen läßt – Milliarden Gedanken, die Gedanken unseres ganzen Lebens. Dann werden wir einem zehntausendfachen Schuldig zustimmen müssen.

Im Blick auf dieses Gericht beleuchtet Jesus Christus noch einen anderen Aspekt. Der Mensch muß Rechenschaft für sein Reden ablegen. Jesus sagte:

Am Tage des Gerichts werden die Menschen sich verantworten müssen für jedes unnütze Wort, das sie gesprochen haben (Matthäus 12,36).

Und er fügte hinzu:

Aufgrund deiner Worte wirst du dann freigesprochen oder verurteilt werden (Matthäus 12,37).

Wer hat dann Aussicht auf Freispruch, wenn wir für alle nebensächlichen, sinnlosen und unnützen Worte zur Rechenschaft gezogen werden? Stecken wir da nicht alle in einer absolut hoffnungslosen Lage? Sind wir dann nicht alle verlorene Leute?

Lassen Sie mich noch einige Sätze zu dem Thema Taten sagen. Darauf heben ja die meisten ab, wenn sie an das kommende Gericht denken. Gedanken und Worte scheinen ihnen weniger ins Gewicht zu fallen. »Laßt Taten sprechen«, lautet das Motto vieler. Aber hören Sie bitte, was die Bibel dazu sagt:

Das Licht ist in die Welt gekommen, aber die Menschen hatten die Dunkelheit lieber als das Licht; denn ihre Taten waren schlecht (Johannes 3,19).

Ich will nicht bezweifeln, daß der Mensch nicht auch in der Lage ist, Gutes zu tun. Aber wenn Gott unsere guten Taten bis auf den Grund durchleuchtet, dann wird viel Egoismus und Ehrsucht ans Licht kommen. Ich sehe jedenfalls auch hier für mein Leben keine Chance.

Gedanken, Worte, Taten – vieles spricht gegen uns. Wir sind alle verlorene Leute. Die Lage ist – menschlich gesehen – hoffnungslos, aber die Bibel spricht eindeutig von Rettung:

Gott liebte die Menschen so sehr, daß er seinen einzigen Sohn hergab. Nun wird jeder, der sein Vertrauen auf den Sohn Gottes setzt, nicht verloren gehen, sondern ewig leben (Johannes 3,16).

Das ist ein Angebot. Gott hat kein Interesse daran, uns zu verurteilen. Darum kam der Sohn Gottes als Retter zu uns. Er ließ sich für unsere Sünden verurteilen und kreuzigen. Nur er war dazu in der Lage, die Sünden aller Menschen zu übernehmen, denn er lebte ein sündloses Leben. Im Bekennen unserer Schuld und in der Lebensübereignung an Jesus Christus können Sie jetzt Vergebung erleben. Diese Vergebung rettet Sie vor dem Urteilsspruch Gottes. Damit ist das Todesurteil aufgehoben. Jesus Christus selbst sagte:

Wer mein Wort hört und glaubt dem, der mich gesandt hat, der hat das ewige Leben und kommt nicht in das Gericht (Johannes 5,24).

Diese Rettung vor dem Gericht und vor der Verurteilung ist jedoch nur eine Seite des Lebens, das Jesus Ihnen anbietet. Rettung kann nie das Ziel des Lebens sein. Ich greife noch einmal den Bericht von jenem Kinderheim in Rumänien auf. Die grauenhaften und menschenunwürdigen Zustände wurden entdeckt. Nun öffneten sich für diese Kinder die Türen. Gerettet. Endlich frei. Aber was nun? Wenn ihnen jetzt nicht Hilfe angeboten wird, wenn nicht Menschen sich dieser Kinder helfend und heilend annehmen, dann ist diese Rettung nur der Schritt in ein hilfloses Weitervegetieren. Das können Sie auch auf das Leben als Christ übertragen. Gottes Plan ist Leben und nicht nur Überleben.

Gesundes Leben

Das Leben ohne persönliche Beziehung zu Gott geht an keinem spurlos vorbei. Wer ohne Gott lebt, wird geistlich krank. Sünde zerstört die Seele des Menschen. Jeder, der eine Entscheidung für Jesus Christus trifft, kommt aus diesem Grund als »Kranker«, als »Verletzter« zu Jesus. Darum ist die innere Heilung das Geschehen, das nach der

Rettung kommen muß. So betet der Prophet Jeremia:

Heile du mich, Herr, so werde ich heil; hilf du mir, so ist mir geholfen (Jeremia 17,14).

Jeremia weiß, daß nur Gott heilend die erkrankten Bereiche des Inneren erreichen kann. Jeder menschliche Eingriff, und sei er noch so gut gemeint, wird hier versagen. Auch Jesus spricht indirekt von diesem Vorgang der inneren Heilung, wenn er sagt: »Ich bin die Tür. Wer durch mich hineingeht, wird gerettet. Er wird ein- und ausgehen und Weideland finden.«

Ich betone hier besonders die Worte »...er wird ein- und ausgehen«. Diese Redewendung zeigt, daß Jesus die, die sich ihm übereignen, nicht im Krankenzustand belassen will. Er will seine Leute sozusagen auf die Beine stellen. Sie sollen »ein- und ausgehen«. Es soll Bewegung, gesunde Bewegung, in ihr Leben kommen. Das Leben als Christ soll kein Leben an Krücken, kein Leben auf der Trage, kein Leben als geistlicher Invalide sein. Unser Denken, unser Empfinden, unser Wille wird in der Begegnung mit dem Sohn Gottes und unter seiner Therapie gesunden.

Ich habe viele Menschen kennengelernt, die unter der Regie von Jesus frei wurden von Bindungen des Willens, von Leidenschaften und negativen Verhaltensnormen.

Es war am 9. Mai 1972, als ein Pfarrer nach einer Predigt in einer kleinen Kirche bei Nashville in USA zu einer Entscheidung für Jesus Christus aufrief. Ein Mann namens Johnny Cash stand auf, ging nach vorne und kniete am Altar nieder. Bis dahin war sein Leben von Drogen geprägt. Dort aber übereignete er sich Jesus Christus und wurde wunderbar befreit. Er ist einer der bekanntesten Sänger in Amerika und heute ein Werkzeug Gottes.

Ich kenne eine gesegnete Seelsorgerin, die als Kind viele Jahre von ihrem Vater sexuell mißbraucht wurde. Eine Lebenshingabe an Jesus bewahrte sie vor dem Selbstmord und befähigte sie dazu, ihrem Vater zu vergeben. Jesus heilte diese tiefen Verletzungen der Seele so vollständig, daß kein Schatten der Bitterkeit blieb.

Ein Mann, dessen Leben schrecklich vom Jähzorn geprägt war und der mit fast jedem in seiner Umgebung in Feindschaft lebte, bat um eine Aussprache. Er bekannte seine Sünden, löste sich im Namen Jesu von dieser furchtbaren Veranlagung und bat Jesus darum, jetzt die Führung in seinem Leben zu übernehmen. Damit begann ein erstaunlicher Heilungsprozeß. Er konnte alle, die er beleidigt und bedroht hatte, um Vergebung bitten. Manche wiesen ihn schroff ab, aber Gottes Liebe, die er in seinem Herzen spürte, bewahrte ihn vor negativen Reaktionen. Die Familie erhielt einen zum Guten hin veränderten Vater, und die Anwohner erlebten einen freundlichen und hilfsbereiten Nachbarn.

Leider ist das nicht immer so. Es gibt Menschen, die eine Entscheidung für Jesus getroffen haben und seine Vergebung erlebten. Damit aber waren sie zufrieden. Sie entzogen sich seinem heilenden Handeln. Sie verwehrten dem Heiligen Geist den heilenden Eingriff in die dunklen Zonen ihrer Seele. Gerettet, aber nicht geheilt, führen sie dann ein abstoßendes Christsein. Rechthaberei, Uneinsichtigkeit, Starrsinn sind weiterhin kennzeichnende Symptome ihres Lebens. Schade und erschütternd zugleich. Der Start ist gut – aber was bringt der beste Start, wenn ein Rennwagen nach einigen hundert Metern mit Fehlzündungen liegenbleibt? Was bringt ein klarer Start ins Christsein, wenn dann der Christ mit den dunklen Prägungen seiner Vergangenheit weiterlebt? Der Rettung muß die Heilung folgen, denn die Bibel sagt:

Bemüht euch um Frieden mit allen Menschen, und bemüht euch um ein heiliges Leben. Wer das versäumt, wird den Herrn nicht zu sehen bekommen (Hebräer 12,14).

Aber auch diese innere Heilung, die Heiligung des Lebens also, ist nicht alles, was an und in uns geschehen soll. Darum nenne ich noch einen dritten Bereich.

Gestaltetes Leben

Hier möchte ich zunächst einen Satz zitieren, den der Apostel Paulus an die Christen in Kleinasien schrieb:

Gott hat uns dazu vorherbestimmt, seine Kinder zu sein durch Jesus Christus nach dem Wohlgefallen seines Willens, zum Lob seiner herrlichen Gnade, mit der er uns begnadet hat (Epheser 1,5.6).

Beachten Sie dabei besonders die Redewendung »herrliche Gnade«. Gott hat uns also nicht nur begnadigt, sondern herrlich begnadigt. Dazu ein Beispiel: Wenn einer, der eine lebenslängliche Strafe absitzen muß, plötzlich begnadigt wird, dann ist das ein Akt der Gnade. Wenn er schon viele Jahre in einer Vollzugsanstalt verbracht hat, dann wird er jetzt mittellos auf der Straße stehen, ohne Freunde, ohne Zuhause, ohne Beruf. Gnade – aber was nun? Nehmen wir einmal an, daß derselbe nicht nur begnadigt wird, sondern mit einer Staatskarosse abgeholt und von Freunden jubelnd empfangen wird. Er findet ein wohnlich eingerichtetes Heim vor und erhält eine Spitzenposition – das ist dann nicht nur Gnade, sondern herrliche Gnade.

Jesus Christus erzählte einmal von einem jungen Farmer, der mit dem halben Vermögen von Zuhause wegging und dann alles in Orgien mit Freunden und Frauen verpraßte. Eine Wirtschaftskrise brachte ihn an den Rand der Verzweiflung. Er nahm die dreckigste Arbeit an, um sich wenigstens am Leben zu erhalten. In dieser Zeit kam er zur Besinnung, bereute sein Verhalten und kehrte nach Hause zurück. Er hatte nur einen Wunsch, von seinem Vater angenommen zu werden und dann als Knecht auf der Farm arbeiten zu dürfen. Gnade! Aber als er seinem Vater begegnete, heruntergekommen und elend, erlebte er etwas für ihn Unglaubliches. Der Vater ließ ihn sofort bestens einkleiden, arrangierte eine Party und schenkte ihm soviel Vertrauen, daß er ihm alle Vollmachten des Erben zurückgab. Der junge Mann hatte sich nur nach Gnade gesehnt, aber der Vater beschenkte ihn mit herrlicher Gnade.

Ich sagte das schon: Jesus erzählte diese Geschichte. Es ist klar, was er damit zeigen wollte. Jeder, der zu ihm kommt, erlebt mehr als Gnade, er erlebt herrliche Gnade. Darum hat er gesagt: »Ich bin die Tür. Wer durch mich hineingeht, wird gerettet. Er wird ein- und ausgehen und Weideland finden. Ich bin gekommen, damit sie das Leben haben, Leben im Überfluß.«

Oft habe ich den Eindruck, daß Christen mit Gnade zufrieden sind. Wie schade. Jesus hat für jeden, der sich ihm anvertraut, herrliche Gnade. Er nennt es Leben im Überfluß. Leben im Überfluß ist von ihm gestaltetes Leben. Er hat einen wunderbaren und ganz persönlichen Plan für jeden seiner Leute bereitliegen. Dieser Plan sieht Entfaltung des neuen Lebens vor, dabei geht es um Lebenserweiterung und Lebenserfüllung. Sie dürfen ein herrliches Werkzeug in seiner Hand werden.

So hat Jesus Christus aus dem jungen Fischereiunternehmer Petrus einen Mann gemacht, der Millionen zum Segen wurde.

Den Mörder Saulus machte er zur führenden Persönlichkeit der Christen des ersten Jahrhunderts und darüber hinaus zu einem Segensträger bis heute.

Einer meiner Freunde, der mehrere christliche Gemeinden und eine christliche Radiostation gegründet hat, war, bevor er Christ wurde, ein hoffnungsloser Fall. Alkoholabhängig schon mit 15, brachte er durch sein Verhalten seine Eltern zur Verzweiflung. An einer Evangelisation bekehrte er sich zu Jesus Christus und war vom ersten Tag an bereit, sich von Gott verändern und gebrauchen zu lassen.

Die »herrliche Gnade«, das »Leben im Überfluß«, prägte sein weiteres Leben und damit seine Zukunft.

Noch einmal: Jesus Christus ist nicht nur die Tür zur Rettung, sondern auch die Tür zur Heilung und die Tür zu einem erfüllten Leben. Ich mache diese Aussage, weil ich es selbst erlebt habe. Auch meine Lebenspläne sahen anders aus. Aber als ich mit 19 Jahren durch die Tür ging, die Jesus heißt, veränderte sich alles. Oft sage ich, wenn ich morgens erwache: »Herr Jesus, ich bin so glücklich, heute wieder mit dir leben zu dürfen. Darum mach mit mir an diesem Tag, was du willst. Dein Plan ist vollkommen.«

Ich möchte Sie einladen, an dieser Stelle noch einmal in die Bibel zu schauen. Dort finden Sie viele Belege für dieses gerettete, erfüllte und gestaltete Leben. Ich denke z. B. an den schon erwähnten Saul aus Tarsus, jenen wütenden religiösen Fanatiker. Die Christen der ersten Zeit zitterten vor ihm. Er hatte nur ein Ziel: diese Jesusbewegung auszurotten. Viele brachte er zur Strecke. Dann aber griff Gott zu. Jesus, der Auferstandene, stellte ihn. Das allerdings lief ganz anders ab, als Menschen es tun würden. Jesus Christus verdammte ihn nicht, sondern er öffnete ihm die Tür zur Rettung. Danach wurde er mit dem Heiligen Geist erfüllt, und Gott machte ihn zu seinem Boten. Nun war er für Jesus unterwegs. Aus einem Mörder wurde ein Lebensretter. Später konnte er als Apostel aus eigener Erfahrung bekennen:

Wer zu Christus gehört, ist ein neuer Mensch geworden. Was er früher war, ist vorbei; etwas ganz Neues hat begonnen. Das hat Gott getan. Obwohl wir seine Feinde waren, hat er durch Christus mit uns Frieden gemacht. Und mir hat er den Auftrag gegeben, diese Friedensbotschaft zu verbreiten (2. Korinther 5,17.18)

Die Segensspuren dieses von Jesus Christus gestalteten Lebens reichen bis in unser Jahrhundert.

Ich nenne noch einen biblischen Namen: Petrus. Was hat

doch Jesus Christus aus diesem damals jungen Fischereiunternehmer gemacht. Auf einer ersten Begegnung mit
ihm brach Petrus in seinem Boot zusammen. »Herr, geh
fort von mir! Ich bin ein sündiger Mensch«, stammelte er.
Aber Jesus sagte zu ihm: »Hab keine Angst! Von jetzt an
wirst du Menschen fischen.« Der Sohn Gottes rettete ihn,
erfüllte ihn und gestaltete von dieser Begegnung an sein
Leben. So wurde aus dem unbekannten Fischer der bekannte Apostel.

Hören Sie das bitte genau: Jesus Christus verändert unser Leben nicht im »Hau-ruck-Verfahren«. Diese Neuge-
staltung ist kein Zauberakt. Gerettet werden können wir
»in einer Sekunde«, aber gestaltet werden wir ein Leben
lang, vergleichbar einem rohen Marmorblock gelangen
wir in die Hand des Meisters Jesus, und dann beginnt sein
Werk.

Sind Sie zu einer kompromißlosen Lebenshingabe an Jesus Christus bereit? Sind Sie bereit, mit jeder Sünde und
mit jeder Bindung zu brechen? Sind Sie bereit, sich grund-
legend verändern zu lassen? Dann dürfen Sie jetzt mit Jesus Christus sprechen, und Sie dürfen sich ihm anvertrau-
en. Ich lade Sie ein, durch die Tür zu gehen, die Jesus heißt
– hinein in die Meisterwerkstatt Gottes. Hören Sie noch
einmal diese einmalige Einladung, dieses Superangebot
zu einem sinnerfüllten Leben: »Ich bin die Tür. Wer durch
mich hineingeht, wird gerettet. Er wird ein- und ausgehen
und Weideland finden. Der Dieb kommt nur zum Stehlen,
Töten und Zerstören. Ich aber bin gekommen, damit meine Schafe das Leben haben, Leben im Überfluß.«

Ich, ich bin der GUTE HIRTE. Der gute Hirte läßt sein Leben für die Schafe.

ICH BIN der gute Hirte –
Du darfst vertrauen

Einer der bekanntesten Sätze, die Jesus Christus sprach, lautet:

Ich bin der gute Hirte (Johannes 10,11).

Wenn ein Mitteleuropäer das hört, dann entsteht in ihm ein idyllisches Bild. Er stellt sich eine friedlich weidende Schafherde vor. Daneben, auf einen Stab gelehnt, steht ein Hirte. Und irgendwo am Rand der Herde läuft ein zottiger Hund herum.

Manche werden dabei an die Geschichte von dem »ungehorsamen Schäfchen« erinnert, das der Hirte nach Stunden gefahrvollen Suchens endlich findet und liebevoll auf seinen Schultern nach Hause trägt. Eine Szene, die bei mir Gefühle der Dankbarkeit, der Liebe und Geborgenheit auslöst.

Ich bin der gute Hirte, sagte Jesus.

Die Menschen, die diesen Satz direkt aus seinem Mund hörten, hatten dabei allerdings ein anderes Empfinden. Sie sahen kein idyllisches Hirtenbild, sondern vor ihrem inneren Auge stand plötzlich eine Zahl – die Zahl 23 –, und sie waren entsetzt. Sie verbanden diese Aussage von Jesus sofort mit dem bekanntesten und beliebtesten Psalm der Bibel, dem Hirtenlied, das der König David zur Verherrlichung Gottes dichtete und sang. In ihnen klangen die Worte auf:

Du, Herr, bist mein Hirte; darum kenne ich keine Not. Du bringst mich auf saftige Weiden, läßt mich ruhen am frischen Wasser und gibst mir neue Kraft.

Auf sicheren Wegen leitest du mich, dafür bürgst du mit deinem Namen. Und geht es auch durchs dunkle Tal – ich habe keine Angst!

Du, Herr, bist bei mir; du schützt mich und führst mich, das macht mir Mut.

Vor den Augen meiner Feinde deckst du mir den Tisch; als Gast nimmst du mich bei dir auf und füllst mir den Becher randvoll.

Deine Güte und Liebe umgeben mich an allen kommenden Tagen; in deinem Haus darf ich nun bleiben mein Leben lang (Psalm 23).

Es ist absolut sicher, wer in diesem Lied angesprochen wird. »Du, Herr, bist mein Hirte« singt David, und dabei schaut er nach oben. David betet in diesem Psalm den Gott Abrahams, Isaaks und Jakobs an; den Gott der Väter, den Gott, der Himmel und Erde geschaffen und der Israel zu seinem Volk erwählt hat.

Und nun steht da irgendwo im Tempel in Jerusalem Jesus, der Rabbi aus Nazareth, um ihn her die religiöse Elite und eine Menge Volk, und sagt: »Ich, ich bin der gute Hirte.« Damit machte er unmißverständlich deutlich:

Der, von dem David sang, der bin ich.

Der Gott Abrahams, Isaaks und Jakobs, der bin ich.

Der Gott, der Himmel und Erde geschaffen hat, der bin ich.

Der Gott, der Israel erwählte, der bin ich.

Der Gott, zu dem alle Propheten gebetet haben, der bin ich.

Der Gott, dem im Tempel Tag für Tag geopfert wurde, der bin ich.

Der Gott, der »auf saftige Weiden führt und am frischen Wasser ruhen läßt«, der bin ich.

Können Sie sich vorstellen, daß dieser Satz von Jesus nicht Begeisterung, sondern Empörung auslöste?

Können Sie sich ausmalen, daß dieser Satz von Jesus nicht Staunen und Anbetung, sondern Entsetzen und Wut verursachte?

Sie trauten ihren Ohren nicht. Was hatte dieser Jesus da

gerade behauptet: »Ich bin der gute Hirte«? Peinliche Stille und unheimliche Betroffenheit. Dann aber brach ein Orkan der Entrüstung los. Die Bibel berichtet:

Viele von ihnen sagten: Er ist von einem bösen Geist besessen. Er ist verrückt! (Johannes 10,20).

Da hoben die Leute wieder Steine auf, um ihn zu töten (Johannes 10,31).

Das war die Atmosphäre, in der Jesus damals diesen bekannten und heute so beliebten und viel zitierten Satz »Ich bin der gute Hirte« sprach. Und jeder geht an der Tiefe und Tragweite dieser Aussage vorbei, der das nicht registriert und der hier die Brücke zu Psalm 23 nicht schlägt. Jeder Jude hat es damals getan – und das mußte entweder zur totalen Ablehnung Jesu führen oder zur Anbetung und völligen Hingabe.

Wer sich heute über die brutalen Reaktionen der Zeitgenossen Jesu empört, der gibt damit nur zu verstehen, daß er nicht begriffen hat, was Jesus da eigentlich sagte. Daß sich Jesus mit Gott identifizierte, was an dieser Stelle unzweideutig war, mußte eine Welle der Empörung hervorrufen, denn er warf das Gottesbild des jüdischen Glaubens völlig um.

Gott ist unnahbar, so hatte es Mose gelehrt – Jesus aber stand greifbar in ihrer Nähe.

Die Erde ist der »Schemel der Füße Gottes«, das war der Glaube der Väter – Jesus aber füllte nur eine Ecke des Tempels aus.

»Niemand, der Gott sieht, bleibt am Leben«, so stand es in der Thora – aber keiner von ihnen hatte bei der Begegnung mit Jesus sein Leben verloren.

Die Würfel mußten endlich fallen. War er Gott? Oder war er ein Verführer?

»Ich bin der gute Hirte«, sagte Jesus, und er fügte hinzu: »Der gute Hirte ist bereit, für seine Schafe zu sterben.« Sollte das eventuell der Prüfstein seiner Echtheit sein?

»Ich bin der gute Hirte« – das kann jeder sagen. Mir sind bei missionarischen Einsätzen gelegentlich Männer begegnet, die von sich behaupteten, Gott zu sein. Ich habe sie keine Minute ernst genommen. Ein Blick genügte, um das Urteil zu fällen.

Als viele damals Jesus für verrückt erklärten, gaben andere zu bedenken: »So redet kein Besessener! – Und wie kann ein böser Geist blinde Menschen sehend machen?« (Johannes 10,21).

Für uns, die wir 2000 Jahre nach dem Ereignis leben, ist es einfacher, die Frage nach der Wahrhaftigkeit und Echtheit Jesu zu beantworten.

Er hat es bewiesen

Es gibt ein faszinierendes und einsichtiges Kennzeichen für die Gottheit Jesu: sein freiwilliges Opfer. Dazu einige klärende Sätze, die Jesus im Zusammenhang der Rede vom guten Hirten sagte:

Der Vater liebt mich, weil ich bereit bin, mein Leben zu opfern, um es aufs neue zu erhalten. Niemand kann mir das Leben nehmen. Ich gebe es aus freiem Entschluß. Es steht in meiner Macht, es zu geben, und auch, es wieder an mich zu nehmen (Johannes 10,17.18).

Ich zitiere noch einmal die zentrale Aussage dieser ungeheuer aufregenden Sätze: »Niemand kann mir das Leben nehmen. Ich gebe es aus freiem Entschluß. Es steht in meiner Macht, es zu geben.«

Das heißt doch im Klartext: Jesus Christus war nicht dem Gesetz der Vergänglichkeit, dem Gesetz des Sterbenmüssens verfallen. Er hatte als einziger Mensch nach dem Sündenfall ewiges Leben. Das genau würde mit einer Grundaussage der Bibel übereinstimmen, in der es heißt:

Jeder, der sündigt, muß sterben (Hesekiel 18,4).

Von Jesus aber heißt es:

Er wurde genau wie wir auf die Probe gestellt, und blieb doch ohne Sünde (Hebräer 4,15).

Weil sein Leben ohne Sünde war, war er unsterblich. Das hätte logischerweise zur Konsequenz, daß Jesus heute noch als Mensch auf dieser Erde leben würde, wenn er nicht sein Leben »aus freiem Entschluß« geopfert hätte. Niemand und nichts hätte sein Leben zerstören können. Der Tod hatte keine Macht über Jesus. Er lebte jenseits der Todeslinie. So jedenfalls hatte es Jesus Christus damals im Tempel formuliert, wenn er sagte: »Niemand kann mir das Leben nehmen.« Aber zugleich fügte er hinzu, daß er sein Leben zum Opfer geben würde. Es würde ein stellvertretendes Opfer werden, ein freiwilliges Sterben für andere.

Was dann wenige Monate später auf dem Kalksteinhügel vor der Stadt Jerusalem geschah, war kein Mord an einem Unschuldigen, war nicht das Ergebnis einer infamen Intrige eifersüchtiger religiöser Eiferer, sondern es war zuerst der Wille Jesu und der Plan Gottes, des Vaters. Darum lesen wir in der Bibel:

Ihr wißt, um welchen Preis ihr freigekauft worden seid, damit ihr nun nicht mehr ein so sinn- und nutzloses Leben führen müßt, wie ihr es von euren Vorfahren übernommen habt. Nicht mit Silber und Gold seid ihr freigekauft worden – sie verlieren ihren Wert –, sondern mit dem kostbaren Blut eines reinen und fehlerlosen Opferlammes, dem Blut Christi. Ihn hatte Gott schon zum Retter bestimmt, bevor er die Welt schuf.
(1. Petrus 1,18–20)

Da hängt Jesus Christus an einem Kreuz mitten unter zwei Terroristen, am Fuß des Totenhügels die gaffende Menge. Direkt unter den Kreuzen stehen sie, seine erbittertsten Gegner, die religiöse Elite Israels – ehrwürdige Männer. Sie spotten über den, der einmal gesagt hatte, daß er »der gute Hirte« sei. Jetzt konnte er das ja unter Beweis stellen. Jetzt konnte er von seiner Macht, wenn er sie wirklich hatte, Gebrauch machen. Wenn nicht alles, was er über sich sagte, diese vollmundigen »Ich, ich bin-Reden«, nur billige Schaumschlägerei waren, dann mußte er jetzt reagieren, dann mußte er jetzt vor den Augen aller etwas geschehen lassen, das ihn als Messias auswies. Und sie sprachen das offen aus, sie riefen das zu ihm hinauf, so daß auch die in der Nähe Stehenden es hören konnten:

Wenn du Gottes Sohn bist, dann befrei dich doch und komm herunter vom Kreuz (Matthäus 27,40).

Ob sich wohl keiner von ihnen daran erinnerte, daß Jesus damals auch gesagt hatte: »Ein guter Hirte ist bereit, für die Schafe zu sterben«?

Und dann geschah etwas Einmaliges, etwas, das den römischen Hauptmann erstaunen ließ, so daß er ausrief:

Dieser Mann war wirklich Gottes Sohn! (Markus 15,39).

Jesus starb nicht, wie er, der Hauptmann, Hunderte an Kreuzen sterben sah. Jesus bestimmte den Augenblick seines Sterbens. Die Bibel berichtet:

Jesus aber rief laut: Vater, in deine Hände befehle ich meinen Geist! Mit diesen Worten starb er (Lukas 23,46).

Er starb also nicht durch einen qualvollen Erstickungstod oder weil ihm die Beine zerschlagen worden wären, um den Tod herbeizuführen – das geschah mit den beiden Verbrechern, die links und rechts neben ihm hingen. Nein, so starb Jesus nicht. Er starb mit einem Gebetsruf: »Vater, in deine Hände befehle ich meinen Geist!«

Dieses völlig andere Sterben registrierte nicht nur jener Hauptmann, sondern es verwunderte auch die umherstehende Volksmenge:

Auch die Leute, die nur aus Schaulust hergekommen waren, sahen es und gingen betroffen weg (Lukas 23,48).

Hier erfüllte sich also das, was Jesus Monate zuvor in jener heißen Rede vom »guten Hirten« ausgesprochen hatte. Ich zitiere noch einmal: »Der Vater liebt mich, weil ich bereit bin, mein Leben zu opfern. Niemand kann mir das Leben nehmen. Ich gebe es aus freiem Entschluß. Es steht in meiner Macht, es zu geben, und auch, es wieder an mich zu nehmen. Damit erfülle ich den Auftrag meines Vaters.«

Ein absolut sündloser Mensch mußte gefunden werden, um in Stellvertretung für die in Sünde gefallene Menschheit zu sterben. Jesus war der eine sündlose Mensch.

Ein absolut sündloser Mensch mußte gefunden werden, der in seinem Sein so groß war, daß er die Sünden aller Menschen auf sich nehmen konnte, um diese Sünden mit sich in den Tod zu reißen. Jesus war es, denn er war in seiner Person Gott und Mensch zugleich, der ewige »Ich bin«, der Mensch gewordene Schöpfer.

Ein absolut sündloser Mensch mußte gefunden werden, der in der Lage war, alle Sünden aller Menschen auf sich zu nehmen, und der es freiwillig, aus selbstloser Liebe heraus, tun würde. Jesus war es. Er sagte: »Ich gebe mein Leben aus freiem Entschluß.«

Schon viele waren bereit, sich für andere zu opfern. Aber sie setzten ihr sterbliches Leben ein. Jesus ist die Ausnahme. Er gab sein unsterbliches Leben. Sein Opfer ist unsere Chance. Wer sein sterbliches Leben Jesus Christus anvertraut, empfängt von ihm das Leben, das unsterblich ist, denn auch die andere Aussage in jener Hirtenrede erfüllte sich: »Es steht in meiner Macht, das Leben wieder an mich zu nehmen.«

Jesus Christus gab sein Leben, aber in seiner göttlichen Autorität besiegte er den Tod. Jesus Christus lebt! Das war nicht nur das starke und herausfordernde Bekenntnis der ersten Christen, sondern auch der Christen aller Jahrhunderte, und es ist das Bekenntnis derer, die heute mit Jesus leben.

Am Auferstehungsmorgen wollten einige Frauen Jesu Leichnam einbalsamieren – aus Dankbarkeit für das, was er an ihnen getan hatte. Enttäuscht und entsetzt standen sie vor einem geöffneten und leeren Grab.

Der gute Hirte ist keine Mumie, kein schöner Traum von

gestern, kein Erinnerungsbild aus längst vergangenen Zeiten. Der gute Hirte ist der Herr aller Jahrhunderte, und er ist der König einer neuen Welt.

Sie können es heute erleben

Als Jesus damals im Tempel diese provozierende Rede vom guten Hirten hielt, sagte er unter anderem auch drei Dinge, die für jeden Menschen, der sich Jesus Christus anvertraut hat, erfahrbar sind.

Zuerst sagte Jesus:

Ich bin der gute Hirte. Ich kenne meine Schafe (Johannes 10,14).

Dabei geht es nicht um ein rein äußerliches Kennen – wie eben ein guter Hirte seine Schafe an irgendwelchen Merkmalen erkennt, sondern es geht bei Jesus um ein inneres Kennen, um ein Kennen bis hinein in die tiefsten Schichten des Seins. Er weiß nicht nur, *wer* wir sind, er weiß auch, *was* in uns verborgen ist. Er kennt alle Verletzungen unserer Seele. Er kennt alle Schwachpunkte unseres Charakters. Er kennt alle Bereiche unseres Unterbewußtseins. Nichts ist ihm unbekannt. Nichts kann vor ihm verborgen bleiben. Als ich das zum ersten Mal begriff, erlebte ich dabei eine unglaubliche Befreiung. Ich dachte an jene Stunde meiner Entscheidung für Jesus, an meine Bekehrung am 17. Juni 1956. Plötzlich wurde mir bewußt, daß Jesus Christus damals umfassend ja zu mir gesagt hat, obwohl er mich durch und durch kannte. Es würde also nie eine Stunde geben, in der er enttäuscht zu mir sagen würde: »Friedhold, das hätte ich nie von dir gedacht.« Er kannte mich ja, und er wußte um meine Labilität und Untreue, um alle Unarten und alle Rebellion. Ich weiß, daß er mich nicht annahm, weil er einen wertvollen Fang mit mir machen würde. Er nahm mich an, weil er mich liebte. Ich kann Jesus also nie enttäuschen, denn er kennt mich. Heute schon weiß er, was morgen geschieht. Ihm darf ich voll vertrauen. Das hat mich frei gemacht von aller Angst und von allem frommen Krampf. Ich muß vor ihm nichts verbergen. Ich darf ganz ich sein, ohne damit Gefahr zu laufen, daß er mich abschiebt. Die Masken konnten fallen, als ich Jesus begegnet bin.

Auf einem Mitarbeiterseminar für Christen hielt unter anderem auch ein Diplompsychologe Vorträge. In einer der Pausen stellte er sich beobachtend hinter einen jungen Mann, der sehr vertieft und völlig ahnungslos einen Liebesbrief schrieb. Der Psychologe, der sich auch in Graphologie auskannte und so den Charakter aus der Handschrift ersehen konnte, legte nach einiger Zeit überlegen seine Hand auf die Schulter des 20jährigen und sagte betont geheimnisvoll: »Wissen Sie auch, was Sie für einer sind?« Der so Angeredete drehte sich um. Als er begriff, was da soeben geschehen war, antwortete er: »Herr Professor, was Sie aus meiner Schrift entziffert haben, ist nicht einmal die Hälfte meiner Charakterschwächen. Aber Jesus hat mich lieb.«

Dieser Liebe vertraue auch ich. Wie gut ist es doch, zu wissen, daß er mich durch und durch kennt und dennoch liebt.

Dann sagte Jesus auch:

Ich gebe ihnen das ewige Leben, und sie werden niemals umkommen. Keiner kann sie mir aus den Händen reißen; denn der Vater, der sie mir gegeben hat, ist mächtiger als alle. Keiner kann sie seinem Schutz entreißen. Der Vater und ich sind untrennbar eins (Johannes 10,28–30).

Das ist die Lebensversicherung der Leute, die Jesus ihren Herrn nennen. Geborgenheit und Gewißheit ist das Thema. Dazu zuerst zwei Briefauszüge:

»Ich bin schrecklich einsam. Nirgendwo ist jemand, der mich wirklich versteht. In unserer Familie ist immer viel los, aber ich glaube, sie leben alle aneinander vorbei. Manchmal denke ich, daß wir darum alle so laut und fröhlich tun, weil wir überdecken wollen, wie allein jeder ist. Zu einem richtigen Gespräch kommt es gar nicht. Und in unserem Jugendkreis wird auch nur geblödelt. Ich weiß gar nicht, was ich machen soll.«

»Ich bin drogenabhängig, und obwohl ich mir schon seit einem Jahr mehrere Schüsse gebe, haben meine Eltern noch nichts gemerkt. Beide sind berufstätig. Mein Vater hat ein gutgehendes Architekturbüro, und meine Mutter arbeitet bei ihm. Als meine Mutter wieder arbeiten wollte, war ich zehn. Damals habe ich viel geweint, weil ich in ein Tagesheim mußte. Inzwischen habe ich zu meinen Eltern kaum noch Beziehungen.«

Wieviel Sehnsucht nach Geborgenheit, nach Verstandenwerden und Geliebtsein spricht aus diesen Briefen. Es ist die Ursehnsucht des Menschen. Sie begleitet uns durch alle Entwicklungsstufen des Lebens. Kinder, Jugendliche, junge Erwachsene, Senioren – sie alle werden in vielen Reaktionen und Aktionen von diesem Verlangen nach Geborgenheit bestimmt. Jesus Christus hat dieses Thema in seiner Rede vom guten Hirten aufgegriffen, wenn er sagte: »Ich gebe ihnen das ewige Leben, und sie werden niemals umkommen. Keiner kann sie mir aus den Händen reißen.«

Ich erinnere mich an die Zeit, in der ich meine ersten Einladungen erhielt, als Evangelist in den Schulen von meinen Erfahrungen mit Gott zu sprechen. In einer 9. Klasse unterbrach mich nach einiger Zeit der Religionslehrer. »Woher nehmen Sie diese Gewißheit?« fragte er ziemlich aufgebracht. Und er fügte hinzu: »Ist nicht die ganze Sache mit Gott letztlich etwas Unsicheres, eben etwas, was man glauben muß?«

Da fiel mir dieser Ausspruch von Jesus ein: »Keiner kann sie mir aus den Händen reißen.« Ich nahm ein Stück Kreide und zeichnete an die Tafel eine große Hand. In diese Hand malte ich ein kleines, lächelndes Strichmännchen, und darüber zeichnete ich eine zweite Hand, so daß das Strichmännchen völlig von den beiden Händen umhüllt war. Dann zitierte ich dieses Jesuswort: »Keiner kann sie mir aus den Händen reißen.«

»Das ist meine Sicherheit«, erklärte ich dem Lehrer und den Schülern. »Jesus gehört mein Leben, und er hält mich fest. Es wäre schrecklich unsicher, wenn *ich* mich an ihm festhalten müßte. Das würde auf die Dauer bestimmt nicht gutgehen. Da müßte ich ständig Angst haben, daß meine Kräfte nachlassen, daß mein Wille versagt und die Hurrikane des Lebens mich schließlich wegreißen. Nein, das wäre keine Geborgenheit. Nun aber hat er – Jesus Christus selbst – die Garantie gegeben, daß er alle die festhält und durchbringt, die sich ihm anvertraut haben.«

Tief überzeugt schreibt dazu der Apostel Paulus:

Gott ist auf unserer Seite, wer kann uns dann noch etwas anhaben? Er verschonte nicht einmal seinen eigenen Sohn, sondern ließ ihn für uns alle sterben. Wird er uns dann mit ihm nicht alles schenken? Niemand kann die Menschen anklagen, die Gott erwählt hat. Denn Gott selbst spricht sie frei. Niemand kann sie verurteilen. Jesus Christus ist ja für sie gestorben. Mehr noch: er ist vom Tod erweckt worden. Er sitzt an Gottes rechter Seite und tritt für uns ein.

Kann uns dann noch etwas von Christus und seiner Liebe trennen? Etwa Leiden, Not, Verfolgung, Hunger, Entbehrung, Gefahr oder Tod? Nein, mitten in all dem triumphieren wir mit Hilfe dessen, der uns seine Liebe erwiesen hat. Ich bin gewiß, daß uns nichts von dieser Liebe trennen kann: weder Tod noch Leben, weder Engel noch andere Mächte, weder Gegenwärtiges noch Zukünftiges, weder etwas im Himmel noch etwas in der Hölle. Durch Jesus Christus, unsern Herrn, hat Gott uns seine Liebe geschenkt. Darum gibt es in der ganzen Welt nichts, was uns jemals von Gottes Liebe trennen kann (Römer 8,31–39).

Jesus ist wunderbar!

Und dann ist da noch eine dritte erfahrbare Aussage. Jesus sagte:

Meine Schafe folgen mir (Johannes 10,27).

Wer sich Jesus Christus anvertraut hat, darf nun, im Bild gesprochen, hinter ihm hergehen. Dieser Mensch erlebt Führung. Da ist einer, der den Weg kennt, der vorausgeht, der spurt, der die Schneisen schlägt. Jesus tut das. Christen werden geführt. Wie oft habe ich das schon in kleinen, aber auch in lebensentscheidenden Situationen erfahren.

Damit die Aussage »Führung« hier nicht nur ein abstrakter Begriff bleibt, ein Schlagwort ohne Farbe, möchte ich zumindest eine Erfahrung dazu berichten:

In einem Behindertenzentrum sollte ich eine Andacht über den Bibeltext »Vergiß nicht, was Gott dir Gutes getan hat« halten. Ich gebe zu, daß mir das ziemlich Kopfzerbrechen bereitete. So blätterte ich in der Bibel und überlegte, wie man einen solchen Text für Menschen auslegen kann, denen das Leben übel mitgespielt hat. »Vergiß nicht, was Gott dir Gutes getan hat« – das klingt, wenn es ein Gesunder einem Kranken sagt, sehr unbarmherzig. In diese Überlegungen hinein kam mir eine Idee: »Schokolade für meine jungen Zuhörer.« Ich hatte doch eine Woche zuvor einige Tafeln aus der Schweiz mitgebracht. Die könnte ich zunächst austeilen und danach die Andacht halten. So machte ich mich auf die Suche nach der Schokolade. Aber sie war offenbar schon verzehrt worden. Die Zeit war knapp, und ich mußte mich auf den Weg machen. Ich griff nach meinem Gitarrenkoffer, eilte zum Auto und fuhr los. Immer wieder ging mir die Idee mit der Schokolade durch den Kopf. Aber für diesmal war nichts mehr zu machen. Damit mußte ich mich wohl abfinden. Als ich in jenem Behindertenzentrum ankam, waren viele schon im Speisesaal versammelt. Ich legte den Gitarrenkoffer auf den Tisch und öffnete ihn. Was ich dabei entdeckte, war beinahe unglaublich: Schokolade. Überall waren die Zwischenräume mit Schokolade ausgefüllt, mit echter Schweizer Schokolade. Ich hatte keine Ahnung, wie die da hineingekommen war, und ich hatte auch keine Zeit, darüber nachzudenken. Ich sagte nur sehr bewegt: »Danke, Herr Jesus« und teilte aus. Es reichte für jeden, und es war noch übrig. Später erfuhr ich dann , daß eine Mitarbeiterin bei einem missionarischen Einsatz in der Schweiz den Gitarrenkoffer mit Schokolade gefüllt hatte. Aber was wäre gewesen, wenn ich in der Zwischenzeit nach meiner Gitarre gegriffen hätte? War nicht das alles eine wunderbare Führung Gottes? Dieser originelle Gedanke der Mitarbeiterin, der eine Woche unberührte Gitarrenkoffer, die Idee: Schokolade für das Behindertenzentrum.

Ich glaube an die detaillierte Führung Gottes, auch wenn ich das nicht immer so greifbar erkennen kann. Ich versuche nicht, alle Lebensrätsel zu lösen, und zerbreche mir nicht den Kopf über alle Lebensereignisse. Ich will danken, vertrauen und fröhlich vorwärts gehen. Zu oft habe ich Jesu Führung handgreiflich erfahren, als daß ich daran zweifeln könnte. Ich gehöre ihm, und er wird seinen Plan in meinem Leben verwirklichen. Was ich gestern und heute erlebt habe, werde ich auch morgen erleben: Führung.

Der Satz, der viele damals im Tempel in Jerusalem so schockierte: »Ich bin der gute Hirte«, möchte für Sie der Ruf zur frohen Lebenshingabe an Jesus Christus sein.

Nicht für alle

Ich habe diesen Satz »Ich bin der gute Hirte« schon in unzähligen Ausführungen an allen möglichen und unmöglichen Orten gelesen: in Wohnungen, Kirchen, Gastzimmern, Jugendräumen, Hausfluren; in Holz eingebrannt oder geschnitzt, gedruckt, handgeschrieben, in Kupfer graviert, mit und ohne Bild. Ich möchte nichts dagegen sagen, aber ich möchte eines zu bedenken geben: Jesus Christus ist nicht der gute Hirte für alle, sozusagen automatisch, etwa durch die Taufe oder durch Kirchenzugehörigkeit. Das hat er selbst in jener Hirtenrede unmißverständlich erklärt. Einer ganz bestimmten Gruppe unter seinen Zuhörern sagte er:

Aber ihr gehört nicht zu meinen Schafen (Johannes 10,26).

Was waren das für Leute, denen er das so kompromißlos sagte? Dazu die Antwort Jesu:

Ihr vertraut mir nicht (Johannes 10,26).

Vertrauen ist das Schlüsselwort. Wir finden es überall in der Bibel:

Gott liebte die Menschen so sehr, daß er seinen einzigen Sohn hergab. Nun wird jeder, der sein Vertrauen auf den Sohn Gottes setzt, nicht zugrunde gehen, sondern ewig leben (Johannes 3,16).

Jesus sagte einmal zu Menschen, die die Frage nach dem Willen Gottes stellten:

Gott verlangt nur eins von euch: Ihr sollt dem vertrauen, den er gesandt hat (Johannes 6,29).

In einem Brief, den der Apostel Paulus an die Christen in Rom schrieb, greift er dieses Thema schon in den ersten Zeilen auf:

Durch die Gute Nachricht macht Gott seine große Treue bekannt. In ihr zeigt er, wie er selbst dafür sorgt, daß die Menschen vor ihm bestehen können. Der Weg dazu ist vom Anfang bis zum Ende das bedingungslose Vertrauen auf ihn. So steht es in den heiligen Schriften: Wer Gott vertraut, kann vor ihm bestehen und wird leben (Römer 1,17).

Vertrauen heißt binden. Jesus Christus vertrauen heißt, sich an ihn für Zeit und Ewigkeit zu binden. Wo das ein Mensch nicht nur will, sondern in einer bewußten Lebenshingabe auch vollzieht, da wird er aufgenommen in die Herde des guten Hirten. Und nehmen Sie bitte auch dieses Bild von der Herde ernst: Christ ist man nicht bloß für sich allein. Wer zu Jesus Christus kommt, kommt auch zu seiner »Herde«. Menschen, die zu Jesus gehören, gehören auch zueinander. Das ist die weltweite Gemeinde Jesu und die Gemeinde Jesu am Ort. Alle, die zu ihr gehören, bekennen sich zu Jesus Christus, zu dem, der gesagt hat: »Ich bin der gute Hirte. Ein guter Hirte ist bereit, für seine Schafe zu sterben.«

*Ich, ich bin die AUFERSTEHUNG und das Leben.
Wer an mich glaubt, der wird leben, auch wenn er
stirbt; und wer da lebt und glaubt an mich, der wird
nimmermehr sterben.*

ICH BIN die Auferstehung – Dabei sein

Einmal stand ich am Sterbebett einer älteren Dame. Sie war sehr intelligent, und sie hatte sich für vieles interessiert. Nur einen Bereich hatte sie bewußt ausgeklammert: das Sterben. Jetzt, sozusagen in letzter Minute, stellte sie dazu Fragen. Sie konnte nur noch flüstern, und sie sah mich ängstlich, fast verzweifelt an, als ich ihr mit der Bibel in der Hand Antwort gab. Einmal schien es so, als könnte sie noch glauben, aber dann brachen die Zweifel durch, und sie schüttelte den Kopf. Schließlich drehte sie sich erschöpft zur Seite, und ich mußte das Gespräch abbrechen. Kurze Zeit danach starb sie.

Was wird aus dem Menschen, wenn er hier die Augen schließt? Wohin geht er? Hat die Bibel recht – oder der Koran? Finden wir im Buddhismus die Antwort oder in der Religion der Naturvölker? Kann man sich auf die Grenzerlebnisse Sterbender verlassen, oder sind das alles psychologisch erklärbare Phänomene? Wie ist das mit Himmel und Hölle, mit Auferstehung und Gericht? Fragen über Fragen. Eines kann zumindest heute mit Sicherheit gesagt werden: Die atheistischen Parolen ziehen nicht mehr. Sterben ist keine Endstation. Sterben ist kein Aus.

Bei einem aktuellen Anlaß greift Jesus Christus dieses Thema auf. Vor ihm steht eine verzweifelte und zutiefst enttäuschte Frau – Martha mit Namen. Jesus kannte sie gut. Gelegentlich war er bei ihr und ihrer Schwester zu Gast. Sie wohnten mit ihrem Bruder Lazarus in Bethanien. Lazarus war ein persönlicher Freund von Jesus. Und genau das war das Problem – jener Freund war Tage zuvor gestorben. Nein – nicht plötzlich, nicht völlig überraschend, sondern infolge einer Krankheit. Jesus war ganz in der Nähe gewesen, und die Frauen hatten zu ihm geschickt und ihn dringend um seine Hilfe gebeten. Aber Jesus hatte die Boten beruhigt und sie mit den Worten zurückgesandt:

Die Krankheit wird nicht zum Tod führen, sondern zeigen, wie mächtig Gott ist. Durch sie wird Gott die Herrlichkeit seines Sohnes sichtbar machen (Johannes 11,4).

Und dann hatte der Tod doch zugepackt – Lazarus war gestorben. Nichts war sichtbar geworden von der Herrlichkeit des Sohnes Gottes. Keine Offenbarung göttlicher Kraft war geschehen. Der Tod hatte gesiegt. Sie mußten Lazarus zu Grabe tragen. Und das Enttäuschende: Jesus war nicht einmal dazu gekommen. Er hatte die beiden Frauen nicht nur in der schweren Zeit der Krankheit allein gelassen, sondern auch in den Tagen der besonderen Trauer. Das mußte erst verkraftet werden.

Nun war Jesus gekommen – vier Tage zu spät, und Martha empfängt ihn mit den vielsagenden Worten:

Wenn du bei uns gewesen wärst, hätte mein Bruder nicht sterben müssen (Johannes 11,21).

Vielleicht spürte sie die ganze Härte dieses vorwurfsvollen Grußes und fügt darum hinzu:

Aber ich weiß, daß Gott dir auch jetzt keine Bitte abschlägt (Johannes 11,22).

Darauf antwortet Jesus:

Dein Bruder wird auferstehen.

Martha sagt: Ich weiß, am letzten Tag, wenn alle auferstehen, wird auch er ins Leben zurückkehren (Johannes 11,23.24).

»Nein«, sagt Jesus zu ihr, »davon rede ich jetzt nicht. Höre bitte genau auf das, was ich sage.« Und danach sprach Jesus eines seiner unvergleichlichen »Ich, ich bin-Worte«:

Ich, ich bin die Auferstehung und das Leben. Wer mich annimmt, wird leben, auch wenn er stirbt, und wer lebt und sich auf mich verläßt, wird niemals sterben (Johannes 11,25.26).

Und nun überstürzen sich die Ereignisse. Martha eilt nach Bethanien zurück und ruft ihre Schwester Maria. Gemeinsam gehen sie mit Jesus und seinen Jüngern zum

Grab. Dort angekommen, erwarten schon viele Menschen den prominenten Gast. Als sie Jesus erblicken, geht ein Raunen durch die Menge. Einige sprechen es offen aus:

Den Blinden hat er sehend gemacht. Warum hat er nicht verhindert, daß Lazarus gestorben ist? (Johannes 11,37).

Die Atmosphäre ist gespannt. Was wird Jesus darauf antworten? Wie wird er in dieser kritischen Situation reagieren?

»Nehmt den Stein vom Grab«, befiehlt Jesus.

Entsetzt unterbricht ihn Martha. »Nein, Herr. Das ist unmöglich. Unser Bruder ist bereits am Verwesen. Er liegt schon vier Tage im Grab.«

Jesus schaut Martha an – durchdringend und ernst, und dann antwortet er:

Ich habe dir doch gesagt, daß du die Herrlichkeit Gottes sehen wirst, wenn du nur Vertrauen hast (Johannes 11,40).

Einige wälzen schon den Grabstein zur Seite. Das Raunen der Menschen verebbt. Spannungsgeladene Stille breitet sich aus. Sie alle beobachten Jesus, wie er zum Himmel schaut und sein Mund sich zum Gebet öffnet:

Ich danke dir, Vater, daß du meine Bitte erfüllst. Ich weiß, daß du mich immer erhörst. Aber wegen der Leute hier spreche ich es aus – damit sie glauben, daß du mich gesandt hast (Johannes 11,41.42).

Danach wendet sich Jesus dem offenen Felsengrab zu und ruft mit durchdringender Stimme in die Gruft hinein: »Lazarus, komm heraus!« Da geschieht das Unglaubliche: Der Verstorbene erscheint. Es ist, als ob ein riesiger Magnet ihn aus dem Dunkel des Grabes ziehen würde. Ein unheimlicher Anblick – umwickelt von Kopf bis Fuß mit Grabtüchern. Er kann nicht sehen, er kann kaum die Füße bewegen – aber er kommt. Entsetzt blicken sich die Menschen an. Jedes Wort bleibt ihnen im Hals stecken. Was sich hier vor ihren Augen ereignet, ist einmalig, ist unglaublich. Der vor vier Tagen Verstorbene lebt. Er steht vor ihnen. Martha kann es kaum fassen. Was hatte Jesus vor einer Stunde zu ihr gesagt?

Ich, ich bin die Auferstehung und das Leben. Wer mich annimmt, wird leben, auch wenn er stirbt, und wer lebt und sich auf mich verläßt, wird niemals sterben (Johannes 11,25.26).

Das war kein religiöser Spruch, kein billiger Trost – Jesus hatte es hier bewiesen. Er ist die Auferstehung – und was auf dem Friedhof in Bethanien soeben geschehen war, war ein Zeichen, ein handfestes, nicht wegzudiskutierendes Zeichen dafür.

»Ich, ich bin die Auferstehung.« – Was damals, in jener Krisenstunde, Jesus zu Martha sagte, hat später die erste christliche Gemeinde als Jesusbekenntnis aufgenommen und weitergetragen. Es hat durch die Jahrhunderte hindurch Unzählige aufgerichtet, hat ihnen Hoffnung an Sterbebetten gegeben und ihnen geholfen, Gegenwart und Zukunft in einem neuen Licht zu sehen.

Die Bibel zeigt, daß das Thema der Auferstehung, auch von diesem »Ich, ich bin-Wort« Jesu her, eine mehrfache Bedeutung hat. Das möchte ich hier aufzeigen.

Die wichtigste Auferstehung – dabei sein ist alles

Ich erinnere mich an das Gespräch, das Jesus bei der Begegnung vor Bethanien mit Martha führte. Jesus sagte zu ihr:

»Dein Bruder wird auferstehen.«

Darauf erwiderte Martha:

»Ich weiß, am letzten Tag, wenn alle auferstehen, wird auch er ins Leben zurückkehren.«

Aber Jesus Christus geht auf diese Aussage über die allgemeine Auferstehungshoffnung nicht ein. Er korrigiert diesen Satz, indem er antwortet:

»Ich, ich bin die Auferstehung und das Leben.«

Martha blickt in die Zukunft, sie sieht ein ganz bestimmtes Ereignis. Jesus Christus aber bewegt sie dazu, auf ihn zu schauen. Die Auferstehung steht vor ihr. Die Auferstehung ist nicht zuerst ein Ereignis, sondern eine Person.

»Ich, ich bin die Auferstehung und das Leben« – erklärt Jesus.

Und dann fügt er hinzu: »Wer mich annimmt, wird leben.«

Ich nenne das Auferstehungsereignis, von dem Jesus hier spricht, die wichtigste Auferstehung, und ich möchte erklären, was ich darunter verstehe.

Sehen Sie, die Bibel zeigt uns, daß alle Menschen durch die Sünde »tot« sind. Der Apostel Paulus erklärt diesen Zustand so:

In der Vergangenheit wart ihr tot; denn ihr wart Gott ungehorsam und habt gesündigt. Ihr habt nach der Art dieser Welt gelebt. Durch unseren Ungehorsam waren wir tot; aber er hat uns mit Christus zusammen lebendig gemacht (Epheser 2,1.2.5).

Daß der Apostel hier nicht vom physischen Tod spricht, liegt klar auf der Hand. Es gibt also ein inneres Totsein, ein im Inneren des Seins ohne Leben sein. Sie können voller Ideen stecken und doch ohne »Leben« sein. Sie können voll drauf sein, fit, kreativ, zukunftsorientiert, und doch das, was die Bibel hier mit Leben bezeichnet, nicht haben. Es gibt ein Leben ohne Leben, das ist es, was Jesus hier anspricht. Hören Sie dazu noch eines seiner Worte:

Ich sage euch: die Zeit ist nicht mehr fern – sie hat sogar schon begonnen –, daß die Toten die Stimme des Gottessohnes hören werden, und wer sie hört, wird leben (Johannes 5,25).

Dieses im Inneren des Seins Zum-Leben-Kommen nenne ich die wichtigste Auferstehung. Sie geschieht nicht am »Jüngsten Tag«, von dem Martha sprach, sondern sie geschieht hier, und sie kann jetzt bei Ihnen geschehen, wenn Sie Ihr Innerstes für Jesus Christus öffnen, sich ihm anvertrauen und ihn bitten, Herr Ihres Lebens zu werden.

Vor einiger Zeit lernte ich während einer missionarischen Woche eine ältere Dame kennen. Sie saß Abend für Abend in der zweiten Reihe und hörte aufmerksam zu. Während des Gesprächs hatte ich allerdings den starken Eindruck, daß ihr das, was die Bibel Leben nennt, noch fehlt. Sie war religiös orientiert, ging regelmäßig zur Kirche und glaubte an Gott. Und trotzdem wurde ich den Eindruck nicht los, daß sie jene Auferstehung zum Leben noch nicht erlebt hatte. Leider konnte ich ihr nicht helfen. Sie begriff das nicht. Gerade ihre religiöse Grundorientierung wirkte wie eine Blockade.

Monate später begegnete ich ihr zu meinem großen Erstaunen wieder. Sie hatte sich zu einem Seminar über das Gebet angemeldet. An einem Nachmittag, als wir uns in kleinen Gebetsgruppen versammelten, saß ich ihr gegenüber. Wir sprachen zunächst die Gebetsanliegen durch und beteten danach miteinander. Dabei stellte ich fest, daß sie nicht beten konnte. Es fehlte die innere Beziehung zu Jesus Christus, die sich auch in einem persönlichen Gebetsumgang äußert.

Am letzten Abend des Seminars aber geschah etwas Wunderbares. Ich begegnete ihr auf der Treppe zum Vortragssaal. Dabei streckte sie mir impulsiv ihre Hand hin, strahlte mich an und sagte: »Jetzt können Sie mir gratulieren.«

Etwas verwirrt fragte ich: »Haben Sie heute Geburtstag?«

»Nein!« sagte sie lachend, »aber ich bin ein Gotteskind geworden.«

Und dann berichtete sie, daß sie bei einer Mitarbeiterin in der Seelsorge war und dabei erkannte, daß ihr das Entscheidende noch fehlte. Nach einer Lebensbeichte habe sie

Jesus Christus als ihren Retter und Herrn angenommen. Jetzt sei alles so anders. Sie fühlte sich ganz neu.

Was jene ältere Frau erlebt hatte, war die »Auferstehung«, von der Jesus sprach.

Ich sage euch: die Zeit ist nicht mehr fern – sie hat sogar schon begonnen –, daß die Toten die Stimme des Gottessohnes hören werden, und wer sie hört, wird leben (Johannes 5,25).

In der christlichen Tagesgaststätte in St. Pauli unterhielt ich mich mit einem jungen Mann über den christlichen Glauben. Ich gab mir wirklich alle Mühe, auf seine Fragen einzugehen und ihm das Wichtigste über die Beziehung zu Gott zu erklären. Aber es war zum Verzweifeln. Er begriff absolut nichts. Seine Vorstellungen waren so verworren, daß ich schließlich aufgab. Ein Mitarbeiter spielte dann mit ihm »Mensch-ärgere-dich-nicht«.

Einige Zeit danach hatten wir einen Freigottesdienst auf der Reeperbahn. Ich sprach nach einer Anbetungszeit über das Bibelwort:

Gott liebte die Menschen so sehr, daß er seinen einzigen Sohn hergab. Nun wird jeder, der sein Vertrauen auf den Sohn Gottes setzt, nicht zugrunde gehen, sondern ewig leben (Johannes 3,16).

Ich rief die Zuhörer auf, sich Jesus Christus anzuvertrauen. Da trat jener junge Mann, mit dem ich das scheinbar so vergebliche Gespräch geführt hatte, nach vorn und kniete nieder. Eine solche Situation hatte ich auf der Reeperbahn noch nie erlebt. Aber offenbar wollte er sein Leben Jesus anvertrauen. So kniete ich neben ihm nieder. »Ich will zu Gott kommen. Helfen Sie mir«, sagte er. Ich betete für ihn, und danach sprach auch er ein kurzes, aber überzeugtes Gebet der Hingabe. Als wir uns von den Knien erhoben, fragte ich sehr unsicher: »Kannst du glauben, daß Jesus Christus dich angenommen hat?« Da strahlte er mich an und sagte: »Ich weiß es.«

Als ich dann weiter mit ihm sprach, hatte ich den starken Eindruck, daß er das erlebt hatte, was Jesus mit »Auferstehung« bezeichnete.

»Ich sage euch: die Zeit ist nicht mehr fern – sie hat sogar schon begonnen –, daß die Toten die Stimme des Gottessohnes hören werden, und wer sie hört, wird leben.«

Bitte überdenken Sie dazu noch eine weitere Aussage, die Jesus seinen Zuhörern zumutete:

Ich versichere euch: Alle, die auf mein Wort hören und dem vertrauen, der mich gesandt hat, werden ewig leben. Sie werden nicht verurteilt. Sie haben den Tod schon hinter sich gelassen und das unvergängliche Leben erreicht (Johannes 5,24).

Sicher können Sie jetzt auch diese Selbstaussage Jesu verstehen:

»Ich, ich bin die Auferstehung und das Leben. Wer mich annimmt, wird leben, auch wenn er stirbt, und wer lebt und sich auf mich verläßt, wird niemals sterben.«

Diese beiden Aussagen: »Sie haben den Tod schon hinter sich gelassen und das unvergängliche Leben erreicht« und »Wer lebt und sich auf mich verläßt, wird niemals sterben«, meinen dasselbe. Jesus hatte damit nicht gesagt, daß die, die ihm nachfolgen, das körperliche Sterben nicht zu erleiden haben. Nein! Er sprach von einer neuen Qualität des Lebens. Er wies auf ein Leben hin, das dem Vergänglichkeitsprozeß nicht mehr unterworfen ist.

Wer sich Jesus Christus übereignet, erlebt jetzt die Auferstehung und empfängt in ihr das Leben, das der Tod nicht mehr vernichten kann. Darum nenne ich das die *wichtigste Auferstehung.* Sie entscheidet über Zeit und Ewigkeit. Sie verändert unser gesamtes Sein.

Ich möchte Ihnen das sehr eindrücklich sagen: Wenn Sie leben wollen, wirklich leben, und wenn Sie in Ewigkeit bei Gott sein möchten, dann brauchen Sie diese Auferstehung, die Jesus ist. Oder einfacher gesagt: Sie brauchen Jesus Christus. Kein anderer und nichts anderes kann Ihnen dieses Leben geben. Sie können dieses Auferstehungsleben nicht durch Meditation erreichen. Sie können dieses neue Leben nicht durch irgendwelche Erleuchtungen bekommen. Sie können dieses neue Sein nicht durch religiöse Übungen empfangen. Es gibt nur einen Weg: Der Lebensanschluß an Jesus Christus. Das ist es, was wir so nötig brauchen.

Die herrlichste Auferstehung – dabei sein ist wunderbar

Allerdings wäre es eine gefährliche Verkürzung, wenn jemand jetzt auf den Gedanken käme, damit sei das Thema der Auferstehung behandelt. Wenn auch Jesus damals Martha korrigierte, indem er die Auferstehung von einer unbestimmten Zukunft in die Gegenwart holte und damit Martha von einem zukünftigen Ereignis ablenkte, um sie auf seine Person aufmerksam zu machen, so hatte er doch damit nicht sagen wollen: Es gibt keine zukünftige Auferstehung, alles ist hier und heute erlebbar. Eine bestimmte theologische Richtung hat dieses Ich-bin-Wort Jesu so gedeutet. Aber dann müßten ja alle anderen Auferstehungstexte der Bibel durchgestrichen werden und damit auch viele Aussagen, die Jesus sonst noch zu diesem Thema gemacht hat. Vergegenwärtigen Sie sich zunächst noch einmal diese Selbstaussage Jesu:

»Ich, ich bin die Auferstehung und das Leben. Wer mich annimmt, wird leben, auch wenn er stirbt, und wer lebt und sich auf mich verläßt, wird niemals sterben.«

Diese Auferstehung zu einem neuen Leben, das der Tod nicht mehr zerstören kann, aber auch jede weitere Auferstehung als zukünftiges Ereignis ist nur durch Jesus Christus möglich. Durch sein Sterben am Kreuz und durch seine Auferstehung hat er die Türen zu einem Leben in neuen Dimensionen geöffnet. In dem klassischen biblischen Ka-

pitel der Auferstehung hat das der Apostel Paulus überzeugend dargelegt:

*Das also ist unsere Botschaft: Gott hat Christus vom Tod er-
weckt. Wie können dann einige von euch behaupten, daß die Toten nicht auferstehen werden? Wenn es keine Auferstehung gäbe, dann wäre auch Christus nicht auferstanden. Und wenn
Christus nicht auferstanden wäre, dann hätte weder unsere Ver-
kündigung einen Sinn noch euer Glaube. Wir wären dann als
falsche Zeugen für Gott aufgetreten; denn wir hätten gegen die
Wahrheit bezeugt, daß er Christus vom Tod erweckt hat. Wenn
es stimmt, daß Gott die Toten nicht auferwecken wird, dann hat
er auch Christus nicht vom Tod erweckt. Wenn die Toten nicht
auferstehen, ist auch Christus nicht auferstanden. Ist aber Christus nicht auferstanden, so ist euer ganzer Glaube vergeblich.
Eure Schuld ist dann nicht von euch genommen, und wer im
Vertrauen auf Christus starb, ist dann verloren. Wenn wir nur
für das jetzige Leben auf Christus hoffen, sind wir bedauerns-
werter als irgend jemand sonst auf der Welt.*

*Aber Christus ist vom Tod erweckt worden, und das gibt uns
die Gewähr dafür, daß auch die übrigen Toten auferstehen werden. Ein einziger Mensch hat der ganzen Menschheit den Tod
gebracht; und so bringt auch ein einziger die Auferstehung vom
Tod. Alle Menschen gehören zu Adam, darum müssen sie sterben; aber durch die Verbindung mit Christus bekommen sie das
neue Leben.*

*Das alles geschieht nach der vorbestimmten Ordnung. Als er-
ster wurde Christus vom Tod erweckt. Wenn er wiederkommt,
werden die auferweckt, die zu ihm gehören.*
(1.Korinther 15,12–23)

Und genau das nenne ich die *herrlichste Auferstehung.*
»Wenn er, Jesus Christus, wiederkommt, werden die auferweckt, die zu ihm gehören.«

Ein Bericht aus der Offenbarung vermittelt uns einen
Eindruck von der Freude, der Begeisterung, dem Staunen
und dem Hingerissensein derer, die diese Auferstehung

erlebt haben und im Thronbereich Gottes sein dürfen: *Danach sah ich eine große Menge Menschen, so viele, daß keiner sie zählen konnte. Es waren Menschen aus allen Nationen, Stämmen, Völkern und Sprachen. Sie standen in weißen Kleidern vor dem Thron und dem Lamm und hatten Palmzweige in den Händen. Mit lauter Stimme riefen sie:* »*Die Rettung kommt von unserm Gott, der auf dem Thron sitzt, und von dem Lamm!*« *Alle Engel standen im Kreis um den Thron, um die Ältesten und um die vier mächtigen Gestalten. Vor dem Thron warfen sie sich zu Boden und beteten Gott an. Sie sprachen:* »*Das ist gewiß: Anbetung und Herrlichkeit, Weisheit und Dank, Ehre, Macht und Stärke gehören unserem Gott für immer und ewig. Amen!*« *(Offenbarung 7,9–12)*

Bei der Abschlußveranstaltung des Kongresses für Weltevangelisation Lausanne II in Manila, 1989, gab es für mich eine unvergleichliche Erfahrung, als 5000 Evangelisten, Missionare und führende Persönlichkeiten der Kirche sich erhoben und den Anbetungschorus sangen: »Majestät, herrliche Majestät, dir sei Ehre, Herrlichkeit und Lob.« Dabei erlebte ich ein Stück Herrlichkeit des Himmels, eine wunderbare Atmosphäre der Anbetung.

Aber noch viel herrlicher wird es sein, wenn die Jünger Jesu aus aller Welt und aus den zurückliegenden Jahrtausenden auferstehen werden und den »Anbetungschorus« der Errettung vor Gottes Thron anstimmen. Dieser Sound wird unvergleichbar sein. Diese Atmosphäre wird alles übertreffen, was Menschen je an Liebe, Freude und Begeisterung erlebt haben.

Ich erinnere mich an eine Evangelisation, die ich kurz nach dem Zweiten Weltkrieg als Teenager miterlebte. Die Kirche war Abend für Abend überfüllt. Kinder und Jugendliche saßen auf den Fensterbänken und im Altarraum. Und an jedem Abend wurde zum Abschluß das alte Heilslied gesungen:

Wenn nach der Erde Leid, Arbeit und Pein
ich in die goldenen Gassen zieh ein,
wird nur das Schaun meines Heilands allein
Grund meiner Freude und Anbetung sein.
Das wird allein Herrlichkeit sein,
wenn frei von Weh ich sein Angesicht seh.

Das prägte sich mir unvergeßlich ein und hinterließ in mir einen starken Eindruck von der Herrlichkeit der kommenden Welt, in deren Mittelpunkt Jesus Christus, der Retter, ist.

Werden Sie bei dieser herrlichen Auferstehung, die die Bibel auch die erste Auferstehung nennt, dabei sein? Werden Sie mit einstimmen dürfen in diesen unvergleichlichen Anbetungsgesang?

Der Apostel Johannes sah in einer Vision:

Einer der Ältesten fragte mich: »Wer sind die Menschen in weißen Kleidern? Woher kommen sie?« Ich antwortete: »Herr, ich weiß es nicht. Das mußt du wissen!« Er sagte zu mir: »Diese Menschen haben die große Verfolgung durchgestanden. Sie haben ihre Kleider im Blut des Lammes weiß gewaschen. Darum stehen sie vor dem Thron Gottes und dienen ihm Tag und Nacht in seinem Tempel« (Offenbarung 7,13–15).

Das ist das Geheimnis der Erlösten: »Sie haben ihre Kleider – ein Bild für das Leben – im Blut des Lammes weiß gewaschen. *Darum* stehen sie vor dem Thron...« Sie haben sich als schuldig vor Gott erkannt, sie haben ihre Sünden, den Egoismus, die Lüge, das Streben nach Ehre und Macht, sie haben Eifersucht und Neid, die sexuellen Verfehlungen nicht auf die leichte Schulter genommen, nicht mit den Worten abgetan, daß ja alle Menschen Sünder sind und jeder seine Macken hat. Sie haben ihre Charakterfehler nicht religiös übertüncht, nicht psychologisch umgedeutet. Sie haben ihre Sünden Jesus Christus, dem für die Sünde Gekreuzigten, bekannt und sein Opfer für sich in Anspruch genommen. »Darum stehen sie vor dem

Thron.« So wurde der, der sich die Auferstehung und das Leben nennt, für sie zur Auferstehung und zum Leben.

Wenn Sie das alles noch einmal überdenken, die Szene vor dem Thron, das Jauchzen der Auferstandenen, die Atmosphäre der Anbetung und Liebe, dann werden Sie sicher der Aussage zustimmen: »Dabei sein ist wunderbar.« Sie dürfen dabei sein, wenn Sie Ihre Sünden bereuen und Jesus Christus vertrauen.

Die schreckliche Auferstehung – dabei sein ist hoffnungslos

Ich möchte Ihnen eine Auferstehung nicht verschweigen, von der die Bibel auch spricht – ich nenne sie die *schreckliche Auferstehung*. Es liegt doch offen auf der Hand: Wer hier an Gott gleichgültig vorbeigelebt hat, wer die Gebote Gottes mit Füßen trat, wer sich rücksichtslos durchsetzte, wer spottete und fluchte, der wird eine Auferstehung erleben, die schrecklich ist. Wenn er dann der Realität ins Auge sehen muß, daß Gott existiert und daß es eine absolute Gerechtigkeit gibt, dann stelle ich mir das furchtbar vor. Eine solche Szene wird auf den letzten Seiten der Bibel beschrieben:

Dann sah ich einen großen weißen Thron und den, der darauf sitzt. Die Erde und der Himmel flüchteten bei seinem Anblick und verschwanden für immer. Ich sah alle Toten, Hohe und Niedrige, vor dem Thron stehen. Die Bücher wurden geöffnet, in denen alle Taten aufgeschrieben sind. Dann wurde noch ein Buch aufgeschlagen: das Buch des Lebens. Den Toten wurde das Urteil gesprochen; es richtete sich nach ihren Taten, die in den Büchern aufgeschrieben waren (Offenbarung 20,11.12).

Möchten Sie dabei sein, wenn die Bücher geöffnet werden, auch das Buch Ihres Lebens? Möchten Sie dabei sein, wenn alles ans Licht kommt, auch das Verborgenste, alle Gedanken und Beweggründe des Herzens? Möchten Sie dabei sein, wenn Gott die Fragen stellt und der Mensch, wie die Bibel sagt, »nicht eine Antwort weiß«? Dabei sein ist schrecklich! Und – vielleicht ist Ihnen aufgefallen – hier ist keine Freude, keine Begeisterung, keine Anbetung. Hier ist geradezu lähmendes Entsetzen, eine unheimliche Stille. Wer diese Auferstehung zum Gericht erlebt, der hat keine Hoffnung mehr, denn hier ist der, der sich »die Auferstehung und das Leben« nannte, der Richter. Die Zeit der Gnade ist abgelaufen, die Tür zur Rettung verschlossen. Jetzt laufen die Prozesse, in denen Gottes Licht in die letzten Abgründe des Herzens fällt. Keiner kommt durch, wenn Gott in seiner absoluten Gerechtigkeit das Urteil spricht.

Ich bin so froh über diese Aussage des Herrn Jesus Christus:

Ich versichere euch: Alle, die auf mein Wort hören und dem vertrauen, der mich gesandt hat, werden ewig leben. Sie werden nicht verurteilt. (Genau heißt es: Sie kommen nicht in das Gericht.) Sie haben den Tod schon hinter sich gelassen und das unvergängliche Leben erreicht (Johannes 5,24).

Damit der Mensch nicht diese schreckliche Auferstehung erleben muß, wird ihm jetzt die völlige Vergebung angeboten, wird er jetzt eingeladen, zu Jesus Christus zu kommen, wird er durch Gottes Wort gelockt, gerufen, gemahnt. Darum sollte jeder ernst nehmen, was Jesus Christus in jener unvergeßlichen Stunde zu Martha sagte: »Ich, ich bin die Auferstehung und das Leben. Wer mich annimmt, wird leben, auch wenn er stirbt, und wer lebt und sich auf mich verläßt, wird niemals sterben.«

Ich, ich bin der WEG und die Wahrheit und das Leben; niemand kommt zum Vater denn durch mich.

ICH BIN der Weg –
Keine religiöse Sackgasse

»Der Mensch ist ein religiöses Wesen« – dieser Ausspruch eines bekannten Psychologen ist nicht aus der Luft gegriffen. Die gesamte Menschheitsgeschichte bestätigt es. Wer im Buch der Geschichte blättert, stößt fast immer zuerst auf die Religionen. Alle Völker und alle Kulturen der Vergangenheit und zum Teil auch der Gegenwart sind entscheidend von religiösen Systemen und Anschauungen geprägt. Denken Sie bitte an die unzähligen Tier- und Menschenopfer, die den Göttern gebracht wurden. Denken Sie an die monumentalen Bauten, die man Göttern oder Gott geweiht hat – an Tempel, Moscheen, Kirchen, Statuen. Denken Sie an den Einfluß der Religionsstifter, der Priester, Gurus und Medizinmänner. Wer sich mit den Religionen befaßt, wird feststellen, daß der alle Religionen verbindende Hintergrund die Frage nach Gott oder der Gottheit ist. Der Mensch hat eine Urahnung von Gott in seinem Innern, und er möchte mit diesem Ursprung allen Seins, wie auch immer er ihn sich vorstellt, in Verbindung treten, er möchte ihn kennenlernen und sich seiner bemächtigen. Wie verschiedenartig die Religionen auch waren und sind – eines haben sie gemeinsam: Es geht um das Transzendente, das Außerirdische, eben um Götter, um Gottheiten, um Gott und um die Beziehung des Menschen zu ihnen.

Auch Jesus Christus griff diese Thematik auf. Er sprach von Gott. Er sprach sehr konkret, unmittelbar, wie selbstverständlich, geradezu schockierend einfach von Gott. Er nannte Gott nämlich Vater – seinen Vater. Und er rührte an die Ursehnsucht des Menschen, wenn er darüber sprach, wie der Mensch Gott kennenlernen kann, wie er Gott persönlich erfahren kann, wie er mit Gott leben kann. Seine

Schüler waren davon tief ergriffen; seine Zuhörer, und oft waren es Tausende, wurden davon angezogen. Die Frische und Unmittelbarkeit, in der Jesus von Gott redete, war neu für sie. So hatten sie das noch nie gehört und noch nie erlebt. Die Bibel berichtet:

Jesus sprach wie einer, der Vollmacht von Gott hat – ganz anders als ihre Gesetzeslehrer (Matthäus 7,29).

Und genau an dieser Stelle war etwas so radikal anders in seiner Rede von Gott, daß es ungeheure Fragen aufwarf. Dieses so völlig Neue kann in der Selbstaussage Jesu zusammengefaßt werden:

Ich bin der Weg und die Wahrheit und das Leben; niemand kommt zum Vater denn durch mich (Johannes 14,6).

Das war und ist in der Tat eine aufregende Aussage. Ich vereinfache und konkretisiere diesen Satz einmal. Jesus sagte: »Ohne mich kommt niemand zu Gott.« Oder positiv formuliert: »Durch mich findet jeder zu Gott.« Sie können auch sagen: »Jesus ist der einzige Weg zu Gott, die einzige Möglichkeit, Gott wirklich kennenzulernen und mit ihm jetzt und immer zu leben.« Diese Behauptung Jesu muß auf jeden religiös orientierten Menschen und auf jeden pluralistisch gepolten Menschen unheimlich wirken. Mit diesem Ausspruch streicht Jesus alle anderen Wege zu Gott durch. Damit erklärt er alle Religionen als Sackgassen oder als Irrwege. Bedenken Sie bitte, daß Jesus das nicht in einem atheistisch orientierten Staat gesagt hat, sondern in einem Land und in einem Volk, das tief religiös geprägt war. In Jerusalem stand der Tempel, in dem Tausende täglich zu Gott beteten. Tag für Tag wurden dort Tiere geopfert. Die heilige Schrift, die Thora, wurde in allen Synagogen des Landes gelesen. Die religiösen Gesetze wurden peinlich genau eingehalten. Und nun tritt dieser Jesus von Nazareth in der religiösen Metropole des Landes, in Jerusalem, auf und erklärt: »Alles, was ihr hier tut, um zu Gott zu kommen, ist ein Irrweg, eine Sackgasse – niemand kommt zum Vater außer durch mich. An mir müßt ihr euch orientieren. Mir müßt ihr euch anvertrauen. Es gibt nur einen Weg, der zum Ziel führt – und dieser Weg steht vor euch. Ich bin der Weg.« Das mußte Tumult geben. Das konnte sich die religiöse Elite des Landes nicht gefallen lassen. Das war in ihren Augen Aufruhr, Gotteslästerung, Verführung. Das war Hybris, Anmaßung, unglaubliche Selbstüberschätzung. Das war ein Schlag ins Gesicht für jeden religiös empfindenden Menschen, für jeden, der bis jetzt glaubte, daß Beten, Opfern und das Einhalten der göttlichen Gebote zu Gott führt. Das war an den fünf Fingern abzuzählen, daß dadurch das Ansehen Jesu ruiniert werden würde. Nein, das konnte nicht gut gehen.

»Ich, ich bin der Weg und die Wahrheit und das Leben; niemand kommt zum Vater denn durch mich.«

Ich sage das noch einmal: In der Welt wimmelt es von Religionen. Wo Sie auch hinreisen, Sie begegnen meist zuerst der Religion. Und die Religion hat eine ungeheure Macht, einen unglaublichen Einfluß. Und nun kommt einer – Jesus Christus –, wirft sich diesem ganzen Religionsbetrieb entgegen und ruft: Sackgasse! Ich bin der Weg! Darüber muß ich mit Ihnen nachdenken.

Religion als Sackgasse

Es kann nicht darum gehen, Religionen fanatisch zu verurteilen. Es kann nicht darum gehen, das, was Menschen verehren, mit einer Handbewegung abzutun. Es kann nicht darum gehen, Lebensinhalte, denen sich Menschen völlig ausgeliefert haben, für die sie Opfer bringen, herunterzumachen. Wer dieses Jesuswort so empfindet oder wer die Deutung dieses Jesuswortes so empfindet, liegt falsch. Jesus war kein Fanatiker, kein blinder Eiferer, kein liebloser Revolutionär. Die Bibel berichtet von ihm genau das Gegenteil. Ein Strom der Liebe ging von ihm aus. Er hatte

Zeit für den einzelnen. Die Einfachen, die Armen, die Abgeschobenen standen bei ihm hoch im Kurs. Wenn er trotzdem Sätze sagte, die wie ein Hammer wirkten, dann sicher nicht darum, weil er gern auf den Putz haute. Es ging ihm nicht darum, den Status quo niederzureißen. Es ging Jesus um die Wahrheit, es ging ihm um den Menschen, um das Sein überhaupt. Er hatte Durchblick. Er wußte, was eigentlich mit uns los ist. Er hatte die einzig richtige Diagnose, und er kannte darum auch die einzig helfende Therapie. Sein Programm, das allen seinen Aussagen zugrunde lag, kann mit einem seiner Sätze präzise wiedergegeben werden:

Der Menschensohn ist gekommen, zu suchen und zu retten, was verloren ist (Lukas 19,10).

Jesus Christus kam auf diese Erde, um verlorene Menschen zu retten. Verloren ist jeder, der von Gott getrennt ist – und getrennt von Gott ist jeder durch den Sündenfall der Menschheit und durch seine eigenen Sünden. Es gäbe keine Religionen, wenn es nicht am Anfang der Menschheitsgeschichte im Paradies zum Sündenfall gekommen wäre. Das Paradies war die religionsfreie Zone, denn dort lebte der Mensch in persönlicher Beziehung mit Gott. Er sprach mit ihm. Er ging mit ihm. Er kannte ihn. Wo aber Gott und Menschen zusammen sind, ist Religion überflüssig. Als der Mensch jedoch vor Gott durch Ungehorsam und Rebellion abfiel, mußte das Vakuum der Gottestrennung ausgefüllt werden. Die große Suche begann. Das verzweifelte Fragen begann. Wo ist Gott? Wer ist Gott? Wie ist Gott? Kann ich ihn finden? Wird er mich annehmen oder wegstoßen? Ist er ein liebender oder ein zürnender Gott? Was muß ich tun, um sein Gefallen zu finden? Wieviel Opfer muß ich bringen? Fragen über Fragen. Der Mensch fühlte sich verloren in einer feindlichen Umgebung, und er ist in der Tat verloren.

So entstanden die Religionen, so entstanden heilige Orte und religiöse Bräuche. Alle Religionen entstanden aus der Verzweiflung des Menschen, aus einer inneren Angst, aus der Urahnung, daß einmal alles ganz anders war. Religionen wollen Wege zu Gott sein.

Ein Missionar, der jahrelang unter den verschiedensten Religionen gearbeitet hat, brachte einmal folgenden aufschlußreichen Vergleich: Er erzählte von einem Mädchen, einer Fünfjährigen, die im Gewühl der Großstadt die Mutter verloren hatte. Nun steht sie weinend und hilflos an einem Fußgängerübergang. Ein Polizist entdeckt die Kleine, erfährt, was da geschehen ist, und fragt nach ihrem Namen. Er kann auch die Adresse ausfindig machen. Und dann erklärt er ihr den Weg nach Hause. Sie soll über die Kreuzung gehen, aber erst dann, wenn die Fußgängerampel auf grün steht. Es sind jedoch eine ganze Menge Kreuzungen zu überqueren. Irgendwann kommt eine Bushaltestelle. Sie sollte auf die richtige Nummer des Busses achten, und dann müßte sie auch umsteigen, und das nicht nur einmal. Ein langer, ein gefährlicher und ein komplizierter Weg. Der Polizist wünscht ihr viel Glück und verschwindet. Sie aber ist fünf Jahre alt. Sie hat nichts begriffen. Im Gegenteil, es ist alles noch schlimmer als vorher. Nein, das war wirklich keine Hilfe.

So sind die Religionen. Sie sind Sackgassen. Vieles ist verwirrend, kompliziert und undurchsichtig. Irgendwo bleibt der Mensch hängen. Religionen führen nicht zum Ziel.

Jesus Christus sagt, daß der Mensch verloren ist. Verlorene aber brauchen einen Retter, keine Regeln. Verlorene brauchen jemand, der zupacken kann, eine helfende Hand, keine Belehrung, keine Gesetze und Riten.

Es ist ein Wahnsinn, einem Ertrinkenden einen Schwimmkurs anzubieten.

Es ist sinnlos, einem Verblutenden zu erklären, wo die nächste Blutbank ist.

Es ist irrig, einem Abgestürzten Unterricht im Bergsteigen zu erteilen.

Die Bibel zeigt, daß wir verloren sind, und die Bibel sagt, daß dieses Verlorensein die Folge der Sünde ist:

Wie eine Mauer steht eure Schuld zwischen euch und eurem Gott; wegen eurer Vergehen hat er sich von euch abgewandt (Jesaja 59,2).

Aber die Bibel sagt nicht nur das, sondern sie spricht auch davon, wie wir Rettung erfahren können, wie wir zurückfinden können, wie wir wieder zu Gott, dem Vater, kommen können. Jesus ist die helfende Hand Gottes. Jesus ist die Blutbank zum Leben. Jesus ist das Rettungsseil.

Jesus, der Weg

»Ich bin der Weg und die Wahrheit und das Leben; niemand kommt zum Vater denn durch mich.«

Ich möchte Ihnen diese Beispielgeschichte des Missionars zu Ende berichten. Sie will ja den Unterschied zwischen den Religionen und Jesus Christus erklären. Darum hat sie eine Variante mit einem völlig anderen Ausgang.

Sie erinnern sich an das kleine Mädchen, das mitten in der Großstadt die Mutter verloren hat. Da steht es nun an der Fußgängerampel. Überall sieht es nur fremde Menschen. Der Polizist entdeckt es und spricht es freundlich an. Er erfährt den Namen, die Straße, die Hausnummer. Er tröstet die Kleine und sagt: »Ich kann dir helfen. Der Weg ist gefährlich und weit, aber ich bringe dich heim.« So nimmt er ihre kleine Hand und führt sie.

So ist Jesus. Darum wurde er, der Sohn Gottes, Mensch. Darum nannte er sich der Weg. Darum bat er die Menschen, sich an ihn zu binden und sich ihm anzuvertrauen. Er kam von zu Hause und kann darum auch nach Hause bringen. Er kam vom Vater und kann darum auch zum Vater führen.

Vor mir liegt ein Brief, den mir vor einiger Zeit ein junges Ehepaar schrieb. Ich zitiere daraus einige Zeilen: »Meine Frau und ich haben viele Jahre in ziemlicher Gleichgültigkeit gegenüber Gott gelebt. Schließlich wurden wir Anhänger der New-Age-Bewegung. Eines Tages erhielten wir Ihr Taschenbuch »Die Reise ins eigene Herz«. Nachdem wir die ersten Seiten gelesen hatten, warfen wir es entsetzt und beleidigt in den Papierkorb. Der Grund dafür war Ihre Stellungnahme zu den östlichen Religionen. Wir wurden aber dann doch dazu bewegt, Ihr Buch wieder aus dem Papierkorb zu retten und es aufmerksam weiterzulesen. Der Satz, daß Jesus der einzige Weg zum Leben sei, ließ uns nicht mehr los. Im Frühjahr letzten Jahres übergaben wir dann in unserer Klinikkapelle unser Leben Jesus Christus. Ein neuer Weg hat damit für uns begonnen. Wir sind glücklich.«

In einem Text der Bibel wird diese Selbstaussage Jesu vom Weg vertieft und neu erklärt:

Denn es gibt für alle nur einen Gott, und es gibt nur einen, der zwischen Gott und Mensch die Brücke schlägt: den Menschen Jesus Christus. Er gab sein Leben, um die ganze Menschheit von ihrer Schuld zu befreien. Damit hat er bestätigt, daß Gott alle Menschen retten will (1. Timotheus 2,5.6).

Sie sollten zuerst registrieren, daß eine Brücke nur dann nötig ist, wenn eine Kluft, ein Graben, ein Abgrund trennend zwischen zwei Gebieten liegt. Dieses Bild verwendet hier die Bibel, um die Brückenfunktion Jesu zu verdeutlichen. Die beiden getrennten Gebiete werden nun personifiziert: Gott auf der einen Seite und der Mensch auf der anderen Seite. Hier der sündige Mensch, dort der heilige Gott. Hier der vergängliche Mensch, dort der ewige Gott. Zwischen Gott und Mensch liegt der Abgrund der Sünde, der Abgrund der Rebellion, des Ungehorsams, des Egoismus' und der Diesseitsorientierung. Kein Religionsstifter konnte diese Kluft überbrücken. Sie wurden ja alle selbst auf der dunklen und trennenden Seite geboren und lebten darum auch auf der Seite der Verlorenen. Von drüben mußte einer kommen, um die Brücke werden zu können. Und er kam. Die Bibel berichtet:

Als aber die festgesetzte Zeit gekommen war, sandte Gott seinen Sohn. Der wurde als ein Mensch geboren (Galater 4,4).

Gott hatte eine Riesenauswahl. Viele machtvolle himmlische Persönlichkeiten standen ihm zur Verfügung, aber er sandte seinen Sohn. Jesus sollte die Brücke werden, der Weg – auch für Sie.

Gott hätte Engel senden können oder Erzengel, gewaltige Boten mit unvorstellbarer Kraft. Sie hätten ohne Zweifel auf unserem Planeten eine ganze Menge auf die Beine gestellt und für Ordnung gesorgt. Aber Gott sandte seinen Sohn. Jesus sollte zur Brücke werden, zum Weg – zum Weg auch für Sie.

Die Bibel berichtet, daß um den Thron Gottes vierundzwanzig Throne stehen, auf denen Älteste sitzen. Jeder trägt eine Krone – das Zeichen von Macht und Würde, also herrliche Würdenträger Gottes. Gott hätte einen von ihnen senden können. Aber Gott sandte seinen Sohn. Jesus sollte die Brücke sein, der Weg. Warum das? Die Bibel erklärt es:

Gott liebte die Menschen so sehr, daß er seinen einzigen Sohn hergab (Johannes 3,16).

Das ist der Grund: Gottes Liebe zu uns. Gott gab nicht das Zweitbeste, sondern das Beste – seinen einzigen Sohn. Gott war zu diesem Opfer bereit, und der Sohn war zu diesem Opfer bereit. An dem denkwürdigsten Tag der Geschichte wurde diese Brücke geschlagen, an jenem Karfreitag, als Jesus sein Leben opferte. Darum hatte er das Recht und die Autorität, zu sagen: »Ich bin der Weg und die Wahrheit und das Leben; niemand kommt zum Vater denn durch mich.«

Was keine Religion bringen konnte, das brachte Jesus – oder genauer gesagt: das ist Jesus. Er ist der Weg. Er ist die

Wahrheit. Er ist das Leben. Durch ihn können Sie zurückfinden zu Gott.

Bitte gehen Sie ihn

Ein Weg ist erst dann sinnvoll, wenn er begangen wird. Wenn Jesus Christus damals sagte: »Ich bin der Weg«, dann war das eine Feststellung und zugleich eine Einladung. Darum fügte er hinzu: »Niemand kommt zum Vater denn durch mich.« Und weil der Mensch nach den Worten des Sohnes Gottes keine Auswahl hat, weil es nur einen Weg zum Vater gibt – Jesus –, darum ist dieser Satz eine eindringliche Einladung an alle. Und noch eines: Weil dieser Weg eine Person ist, keine Sache, darum ist diese lebensentscheidende Einladung nicht eine Aufforderung dazu, jetzt das oder jenes zu tun oder einzusetzen, sondern es ist eine Motivation, sich Jesus Christus anzuvertrauen. Sie dürfen sich Jesus anvertrauen, wie jemand sich einem Bergführer anvertraut. Sie können sich Jesus anvertrauen, wie Passagiere sich einem Flugkapitän anvertrauen. Sie sollten sich Jesus anvertrauen, wie ein Patient sich dem Arzt anvertraut. Oder ein noch besserer Vergleich: Wie man sich dem Menschen mit einer tiefen Liebe anvertraut, mit dem man durchs Leben gehen will, so dürfen Sie sich Jesus anvertrauen. Er lebt. Er ist Ihnen nahe. Jetzt können Sie ihm sagen, daß Sie bereit sind, mit ihm zu leben und sich an ihn zu binden.

Vor Jahren hatte ich während eines Kuraufenthaltes die Gelegenheit, in einem Kursaal Vorträge über den christlichen Glauben zu halten. Unter den Zuhörern war auch eine Ausbildungsleiterin. Das Thema »Warum ich an Jesus Christus glaube« interessierte sie. Sie bat um ein Gespräch. Während eines Spaziergangs berichtete sie mir, daß sie schon einiges in der religiösen Szene ausprobiert habe. Sie sprach von Gurus, von Meditation und von verschiedenen

Religionen. Nichts hatte sie wirklich überzeugt. Die innere Leere blieb. Gott war noch immer der große Unbekannte. Mein persönliches Zeugnis hatte nun erneut Hoffnung in ihr geweckt. Unser Gespräch war sehr zentral. Ich konnte ihr zeigen, was das für sie bedeutet, wenn Jesus sagt: »Ich bin der Weg, die Wahrheit und das Leben; niemand kommt zum Vater denn durch mich.«

Sollte ich jetzt das Gespräch abbrechen? Sollte ich jene Frau in der Entscheidungsphase weggehen lassen?

»Wollen Sie sich nicht jetzt Jesus, dem Weg zum Vater, anvertrauen? Sie können mit ihm sprechen und sich ihm übereignen«, sagte ich.

»Jetzt?« fragte sie erstaunt. – »Hier?« Wir waren auf einem Segelfluggelände angekommen.

»Warum nicht!« antwortete ich. »Es ist niemand da, der uns stören könnte. Ich würde für Sie beten, und dann können Sie Jesus Christus ansprechen und ihm sagen, daß Sie ihm gehören möchten.«

Sie war bereit dazu – und dann geschah das, wovon die Bibel spricht, daß die »Engel im Himmel sich freuen«. Ein Mensch fand durch Jesus nach Hause zu Gott.

Auch Sie können diese Entscheidung jetzt treffen. Hindert Sie etwas daran, es zu tun?

Hören Sie noch einmal diese wunderbare Einladung des Sohnes Gottes: »Ich bin der Weg und die Wahrheit und das Leben; niemand kommt zum Vater denn durch mich.«

Ich, ich bin der WEINSTOCK, ihr seid die Reben.
Wer in mir bleibt und ich in ihm, der bringt viel
Frucht; denn ohne mich könnt ihr nichts tun.

ICH BIN der Weinstock –
Ende der Energiekrise

Energiekrise – ein Begriff, der am Anfang unseres Jahrhunderts noch unbekannt war. Damals war man überzeugt, daß die Ressourcen der Erde unerschöpflich seien. Erst in den 70er Jahren wuchs allmählich die Erkenntnis, daß dem nicht so ist. Erste warnende Stimmen waren zu hören, viele aber lächelten darüber. Und dann kamen Wochen, manche werden sich noch daran erinnern, da wurden die Industrienationen von der Ölkrise erschüttert. Die Ölpreise schnellten in die Höhe. An den Sonntagen durften Autos nur noch mit Sondergenehmigung fahren. In Texas lieferten sich Autofahrer an den Tankstellen Schlachten. Es ging um den letzten Liter Treibstoff. Plötzlich, erschreckend für alle, war der Begriff Energiekrise überall das Thema Nr. 1. Jeder wußte: Einmal werden die Ressourcen der Erde zu Ende gehen. Was dann?

Energiekrise! Ich möchte diesen Begriff vom Globalen ins Persönliche holen – ihn auf unser Leben beziehen. Stecken wir nicht alle dann und wann hoffnungslos in »Energiekrisen«?

Ehen drohen auseinanderzubrechen oder sind schon zerbrochen – Energiekrise der Liebe.

Generationenkonflikte zerreißen die Familien und machen sie zu einem Kriegsschauplatz – Energiekrise der Verständigung.

Minderwertigkeitskomplexe hemmen die gesunde Lebensentfaltung – Energiekrise des Wertbewußtseins.

Ängste vor der Zukunft lähmen das Leben – Energiekrise der Hoffnung.

Sorgen verdunkeln den Blick für gangbare Wege – Energiekrise des Vertrauens.

Fieberhaft ist der Mensch auf der Suche nach neuen

Energiequellen – und es wird Vielversprechendes angeboten. Dazu nur einige Stichworte:

Positives Denken. Sollten wir uns nicht darauf konzentrieren, grundsätzlich nur noch positiv, nur noch aufbauend zu denken? Könnten dadurch nicht in uns ruhende Kräfte freigesetzt werden, z. B. Liebe, Güte, Tragkraft, Mitmenschlichkeit?

Autogenes Training. Eine Meditationsmöglichkeit, die Ausgeglichenheit und Ruhe vermitteln will.

Gruppendynamik. Man könnte in der Gruppe unter Anleitung eines erfahrenen Psychologen Aggressionen los werden, zu sich selbst finden und ein neues Selbstwertgefühl erhalten.

TM – Transzendentale Meditation. Maharishi Mahesh Yogi, der Vater der TM-Bewegung, sagte: »Die transzendentale Meditation ist der einzige Weg zum Heil und zum Erfolg im Leben; es gibt keinen andern.« Mehr Energie, gesteigerte Kreativität, geringerer Streß, das sind die Slogans, die in den Informationstexten zu lesen sind.

Lassen Sie mich zu all den Angeboten ein seltsames Bild gebrauchen: Was würden Sie dazu sagen, wenn jemand in ein ausgetrocknetes Flußbett einige Eimer Wasser kippte? »Lustig, so etwas«, oder vielleicht »besser als nichts«. Aber Sie würden ehrlich zugeben, daß dadurch das Problem nicht gelöst wäre. Genauso sehe ich alle diese menschlichen Hilfsversuche in den Energiekrisen des Lebens. Ich möchte das ehrliche Bemühen, das dahinter steckt, nicht bestreiten, aber entscheidende Hilfe kann das nie sein.

Es gibt da einen faszinierenden Satz in der Bibel. Jesus Christus hat ihn gesprochen. Wer diesen Satz überdenkt, muß sagen: Das ist es. Das ist das Ende aller menschlichen Energiekrisen. Das ist das Geheimnis unerschöpflicher Kraft. Das ist sprühendes, gesundes Leben. Das ist der Weg zur Entfaltung der Persönlichkeit. Ich zitiere dieses Jesuswort:

Wer an mich glaubt, wie die Schrift sagt, von dessen Leib werden Ströme lebendigen Wassers fließen (Johannes 7,38).
Jesus spricht von Strömen, nicht von einem Rinnsal. Jesus spricht von Strömen, nicht von einer Wasserleitung. Jesus spricht von Strömen, nicht von einer künstlichen Bewässerungsanlage. Von Strömen ist die Rede, wie die Donau oder der Rhein; von Strömen wie der Mississippi oder der Nil. Ströme, die ganze Landstriche fruchtbar machen. Ströme, die gewaltige Lasten tragen können. Das könnte das Ende der persönlichen Energiekrise sein. In der Tat ein sagenhaftes Angebot. Einer, der es angenommen hat, schreibt begeistert:
Ich kann leben wie ein Bettler und auch wie ein König; mit allem bin ich vertraut. Ich kenne Sattsein und Hungern, ich kenne Mangel und Überfluß. Allem bin ich gewachsen, weil Christus mich stark macht (Philipper 4,12).
Ich blätterte einmal in einem Gästebuch. Plötzlich fiel mein Blick auf zwei seltsam beschriebene Seiten. Mit übergroßen Buchstaben las ich: »Ich wünsche Euch hundertfältige Frucht in eurer Weinbergecke.« Daneben sah ich auf einem Foto eine fröhlich singende ältere Dame. Sie saß an einem Klavier, und auf ihren Knien lag ein Keyboard. »Das ist doch Berta Isselmann«, schoß es mir durch den Kopf. Jene originelle Missionarin aus dem Siegerland. Sie ist an die Neunzig, beinahe blind, aber ein Flußbett der Liebe Gottes. Vor einigen Jahren bin ich Tante Berta zum ersten Mal begegnet. Es war auf einem Camp für junge Leute. Ich reichte ihr die Hand und stellte mich als Redner der Jugendabende vor. »So«, sagte sie, »und ich bin Berta Isselmann, achtundachtzig und voller Dynamik.« Das habe ich dann auch erlebt, als sie am Abend mit ihren Erfahrungen die vielen jungen Leute begeisterte. Eigentlich wollte sie der Leiter des Missio-Camps interviewen. Aber sie nahm ihm entschlossen das Mikrophon aus der Hand und sagte: »Das kann ich schon noch selber halten.« So wurde aus ei-

nem geplanten Kurzinterview eine doch ziemlich lange, aber spannende Ansprache.

Immer, wenn ich das Wort Jesu von den Strömen lebendigen Wassers lese, muß ich an diese älteste Jugendmissionarin der Welt, wie sie an ihrem neunzigsten Geburtstag bezeichnet wurde, denken.

Damit ich an dieser Stelle nicht falsch verstanden werde, möchte ich klärend hinzufügen: Ich rede jetzt nicht von physischer Vitalität. Ich habe Christen kennengelernt, die in großer körperlicher Schwachheit lebten und dennoch Vertrauen und Liebe ausstrahlten. Sie waren ein Segen für alle, die ihnen begegnet sind.

Was ist das Geheimnis dieser sprühenden Energie – dieser Freude, dieser Begeisterung, dieser göttlichen Bewegung, dieser Ausstrahlungskraft? Jesus verrät es uns in einem seiner bekannten »Ich-bin-Worte«. Er sagte:

Ich bin der Weinstock, und ihr seid die Reben. Wer in mir lebt, so wie ich in ihm, der bringt reiche Frucht. Denn ohne mich könnt ihr nichts vollbringen (Johannes 15,5).

Das ist es! Ein wunderbares Bild, werden Sie vielleicht denken. Ich sage Ihnen: Es ist mehr als ein Bild, es ist mehr als nur ein Vergleich. Es ist herrliche und erfahrbare Realität. Sie kann Ihr Leben revolutionär verändern. Sie kann aus schüchternen Mauerblümchen mutige Boten des Evangeliums machen. Sie kann aus kalten Egoisten hingebungsvolle Christen machen. Sie kann aus leichtfertigen Playboys verantwortungsbewußte Menschen machen.

Eigentlich beginnt diese Rede vom Weinstock und den Reben mit dem Satz:

Ich, ich bin der wahre Weinstock (Johannes 15,1).

Das muß nach einer Denkpause auf seine Jünger und die umherstehenden Zuhörer wie ein Schock gewirkt haben. Was hatte ihr Meister da soeben betont, »Ich bin der *wahre* Weinstock«? Das mußte jeden in der Tradition verwurzelten Juden hochreißen: »...der – wahre – Weinstock«. Das konnte doch wohl Jesus nicht ernst gemeint haben, oder doch? Er hatte jedes Wort bewußt ausgesprochen, so, als wollte er sagen: »Ich nehme davon nichts zurück, auch wenn ganz Israel auf die Barrikaden steigt.«

Hören Sie zunächst zwei für jeden Juden wichtige Texte aus dem Alten Testament:

In Ägypten hast du einen Weinstock ausgegraben; mehrere Völker hast du vertrieben, um ihn an ihrer Stelle einzupflanzen. Du hast den Boden für ihn gerodet; darum konnte er Wurzeln schlagen und das ganze Land ausfüllen. Mit seinem Schatten bedeckte er die Berge, mit seinen Zweigen die mächtigen Zedern. Seine Ranken streckte er aus bis zum Meer, seine Triebe bis hin zum Eufrat (Psalm 80,9–12).

Es steht unzweideutig fest, daß hier mit dem Weinstock das Volk Israel gemeint ist. Der Prophet Hosea sagt das in seinem Brief ebenfalls:

Israel war wie ein üppig rankender Weinstock, der reiche Frucht trägt (Hosea 10,1).

Und nun greift Jesus Christus offen dieses Thema auf und erklärt: »Ich bin der wahre Weinstock.« Hier muß jedes Wort in besonderer Weise betont werden, denn damit sagte Jesus unverblümt: »Nicht ihr als Volk seid der Weinstock. Ihr habt das zwar immer geglaubt, aber die Wahrheit ist, daß ich der Weinstock bin.« Das mußte wieder Aufruhr geben. Das konnte nicht einfach so hingenommen werden. Was über Jahrhunderte hinweg das Selbstverständnis des Volkes war, ihr Adel, ihr Stolz, ihr Fundament, das reißt Jesus mit diesem Satz einfach weg. Was Christen aller Jahrhunderte als eines der tiefsten Jesusworte empfunden haben, konnte auf jeden Juden nur wie ein Tiefschlag wirken. Und das mußte eines Tages auf Jesus zurückfallen, denn wer läßt sich schon gern »berauben«, wer läßt sich schon ohne Auflehnung aus einer Illusion herausführen? Bedenken Sie bitte diesen historischen Hintergrund, wenn Sie die Selbstaussage Jesu hören: »Ich bin der Weinstock, und ihr seid die Reben. Wer in mir lebt, so wie ich in ihm, der bringt reiche Frucht.«

Jesus – der wahre Weinstock

Sie können das auch moderner sagen, zum Beispiel: Jesus, das Kraftwerk, oder: Jesus, der Amazonasstrom des Lebens. Wie auch immer Sie das benennen wollen, wichtig ist nur eins, daß der Inhalt klar ist. Es geht um Jesus Christus, in dem »Gott mit der ganzen Fülle seines Wesens wohnt«, wie es der Apostel Paulus ausdrückt. Wir müssen Jesus Christus besser kennenlernen, den Menschensohn und den Gottessohn, denn er ist unser Schicksal und das Schicksal der ganzen Welt. Die Bibel sagt:

Wer den Sohn Gottes hat, der hat das Leben. Wer aber den Sohn Gottes nicht hat, der hat auch das Leben nicht (1. Johannes 5,12).

Kennen Sie Jesus? Kennen Sie ihn persönlich? Haben Sie eine Beziehung zu ihm?

Als Jesus Christus als Mensch in Palästina lebte, zog er Tausende an. Er war erfüllt von der Liebe Gottes, und er hatte eine wunderbare Ausstrahlungskraft. Jesus war die vitalste Persönlichkeit, die jemals auf dieser Erde lebte: klar, überzeugend, sprühend vor Leben, einfühlsam und durch und durch wahr. Da gibt es ganz bestimmte Ereignisse, die mich beim Lesen der Biographien von Jesus Christus immer wieder neu faszinieren:

Ich sehe geradezu diese Szene: Ein Aussätziger kam in seine Nähe und bat ergriffen um Heilung. Die Jünger waren über die Rücksichtslosigkeit des Mannes empört und wollten ihn wegjagen. Sie hatten schon Steine in ihren Händen. Es war in Israel für einen Leprakranken streng verboten, sich unter die Menschen zu wagen. Der Tumult nahm zu. Zornige Rufe waren zu hören. Aber Jesus tat etwas Unglaubliches: Er ging auf diesen Mann zu, sehr ruhig, Schritt für Schritt. Und als er vor ihm stand, legte er seine Hand auf diesen schrecklich entstellten Menschen, unendlich zart und liebevoll geschah das. Und dann sprach er gebietend das heilende Wort. Vor den Augen vieler geschah dabei die wunderbare Verwandlung. Die häßlichen Geschwüre verschwanden, die schon verstümmelten Hände waren wieder heil. Fassungslos betrachtete jener Mann seine Hände, griff in sein Gesicht, sah nach seinen Füßen. Es war alles gut, alles neu. Ein Wunder war geschehen.

Ich, ich bin der wahre Weinstock.

Dann höre ich den entsetzten Ruf der Martha auf dem Friedhof in Bethanien. Vier Tage zuvor hatten sie und ihre Schwester den Bruder zu Grabe getragen. Nun war Jesus gekommen. Sie führten ihn an das Felsengrab. Da stand er inmitten der weinenden, trauernden Menschen. Plötzlich aber wandte er sich Martha zu und sagte: »Hebt den Stein vom Grab weg!« »Nein!« rief Martha, »das ist unmöglich. Der Leichnam ist schon am Verwesen.« Aber dann griffen doch einige Männer zu. Die Umherstehenden schüttelten den Kopf. Einige waren empört, manche fanden es pietätlos, andere schauten verlegen zur Seite. Und mitten in dieser Aufregung rief Jesus mit machtvoller Stimme: »Lazarus, komm heraus!« Alles hielt den Atem an – und plötzlich bewegte es sich im Grab. Wie von einem gewaltigen Magneten gezogen erschien der Verstorbene, umwickelt von den Leichentüchern. Entsetzt schauten die Trauernden. So etwas war in Israel noch nie geschehen.

Ich, ich bin der wahre Weinstock.

Sie hatten bei herrlichem Sonnenschein das Fischerboot bestiegen. Petrus, der sich da auskannte, setzte das Segel, und einige griffen zu den Rudern. Endlich konnten sie sich entspannen. Die Menschen blieben am Ufer zurück. Jesus legte sich zum Schlafen nieder. Doch als sie mitten auf dem

See waren, eine Stunde vom Ufer entfernt, geschah es. Der Himmel verdunkelte sich. Erste Blitze zuckten nieder. Der Donner grollte. Ein Wirbelsturm brach über den See herein und wühlte ihn auf. Wellen schlugen ins Boot und rissen es hoch und herunter. Mit angstverzerrten Gesichtern versuchten die Männer, das Schiff vor dem Sinken zu retten. Sie klammerten sich an den Mast. Sie hielten sich an der Reling fest. Einer stürzte zu Jesus. Wie konnte er nur schlafen? Er schrie: »Herr, Herr, wir gehen unter!« Jesus erhob sich. Völlig ruhig streckte er seine Hand aus, und dann gebot er dem Sturm und der tobenden See: »Still! Gib Ruhe!« Drei Worte nur, und es geschah. Plötzlich legte sich der Wind, die schwarzen Wolken rissen auf, die Wellen wurden kleiner. Stille breitete sich aus. Fassungslos schauten die Männer Jesus an, als er zu ihnen sagte: »Warum habt ihr solche Angst?«

Ich, ich bin der wahre Weinstock.

Und dann höre ich die letzte Bitte aus dem Mund Jesu, bevor er sein Leben als Opfer für verlorene Menschen gab:

Vater, vergib ihnen! Sie wissen nicht, was sie tun (Lukas 23,34).

Es war eine unheimliche Atmosphäre auf dem Totenhügel Golgatha. Spottende und fluchende Menschen. Brutale Söldner, die ihre Witze rissen. Die religiöse Oberschicht aus Jerusalem, die sich die Hände rieb und mit beißendem Hohn Jesus aufforderte, die Nägel herauszureißen und vom Kreuz zu steigen. In der Ferne standen fassungslos und verängstigt seine Jünger. Sie konnten keinen klaren Gedanken mehr fassen. Das grauenhafte Geschehen riß ihnen den Boden unter den Füßen weg. Aber mitten hinein in den Haß, in die Verzweiflung, in den Spott, in das Schreien und Fluchen sprach Jesus Christus dieses befreiende Wort von der Vergebung. Er strahlte Gottes Liebe und Gottes Frieden aus.

Ich, ich bin der wahre Weinstock.

Der Menschensohn ist aber auch der Gottessohn. Der Gekreuzigte ist auch der Auferstandene. Der Erniedrigte ist auch der Erhöhte. Die Bibel sagt:

Ihr sollt begreifen, wie überwältigend groß die Kraft ist, mit der Gott in uns, den Glaubenden, wirkt. Denn es ist dieselbe gewaltige Kraft, mit der er in Christus am Werk war, als er ihn vom Tod erweckte und in der himmlischen Welt an seine rechte Seite setzte. Dort herrscht Christus jetzt über alle unsichtbaren Mächte und Gewalten ohne Unterschied. Weder in dieser noch in der kommenden Welt gibt es eine Macht, die ihm nicht unterworfen ist. Gott hat alles ohne Ausnahme in seine Gewalt gegeben. Ihn aber, den Herrn über alles, gab er der Gemeinde zum Haupt. Die Gemeinde ist sein Leib; er, der das All erfüllt, wirkt in ihr mit der ganzen Fülle seiner Lebensmacht.
(Epheser 1,19–23)

Jesus Christus will das Kraftwerk Ihres Lebens sein, der Strom, der durch Sie hindurchfließt, der Weinstock, an dem Sie Rebe sein dürfen. Sein Leben kann Ihr Leben werden.

Sie – die Rebe am Weinstock

Auch bei diesem Vergleich können Sie moderne Bilder wählen. Zum Beispiel: Sie – das Starkstromkabel der Liebe Gottes, oder: Sie – das Flußbett für den Heiligen Geist. Aber gerade hier ist das Bild vom Weinstock absolut einmalig. Es zeigt, wie wichtig es ist, daß wir mit Jesus Christus organisch verbunden sind. »Verbunden, nicht angebunden«, so hat es einmal jemand bezeichnet. Viel zu viele sind an Jesus nur angebunden mit dem dünnen Faden der christlichen Tradition. Sie sind nur angebunden mit dem dünnen Faden der Taufe, der Konfirmation und der Trauung. Sie sind nur angebunden mit dem dünnen Faden einiger Gottesdienstbesuche pro Jahr, mit ein bißchen Glauben und Bibelwissen. Viele kennen nicht einmal mehr dieses »Angebundensein«. Sie haben allem Religiösen längst den Rücken gekehrt. Aber ob eine Rebe einen Meter vom Weinstock entfernt auf dem Boden liegt oder ob sie mit einem Faden an den Weinstock angebunden ist, das Endergebnis ist in jedem Fall das gleiche: sie verdorrt. Und das kann und muß auch auf die Beziehung eines Menschen zu Jesus Christus übertragen werden. Wer nicht organisch mit Jesus Christus verbunden ist durch eine persönliche Lebenshingabe an ihn, durch Bekehrung und Wiedergeburt, durch Liebe und Vertrauen, der geht in jedem Fall leer aus, der lebt nicht, der kann keine Frucht bringen.

Sie wissen, wozu Reben da sind. »Frucht« ist das Stichwort. Eine Rebe soll Trauben tragen.

An unserer Überdachung rankt wilder Wein. Von ihm haben wir noch nie Frucht, also Trauben, erwartet. Er ist lediglich Verzierung.

Das jedoch ist nicht das Konzept Jesu für seine Leute. Es geht nicht um Lebensverzierung. Christen sollen Frucht bringen, das hat Jesus Christus unmißverständlich deutlich gemacht. In immer wieder neuen Vergleichen kommt er darauf zu sprechen:

Ich bin der wahre Weinstock, und mein Vater ist der Weinbauer. Er entfernt jede Rebe an mir, die keine Frucht bringt; aber die fruchttragenden Reben reinigt er, damit sie noch mehr Frucht bringen. Nur wenn ihr mit mir vereint bleibt, könnt ihr Frucht bringen. Wer in mir lebt, so wie ich in ihm, der bringt reiche Frucht. Wenn ihr reiche Frucht bringt, erweist ihr euch als meine Jünger. Ich habe euch dazu bestimmt, reiche Frucht zu bringen. Es soll Frucht sein, die Bestand hat.
(Johannes 15,1–2.4.5.8.16)

»Frucht, mehr Frucht, reiche Frucht«, das sind die zentralen Worte dieser Weinstockrede Jesu. Aber was meint Jesus, wenn er diesen Begriff »Frucht«, dieses Bild von den Trauben, verwendet? Die Bibel gibt Antwort:

Der Geist Gottes läßt als Frucht eine Fülle von Gutem wach-

sen, *nämlich Liebe, Freude, Frieden, Geduld, Freundlichkeit, Güte, Treue, Nachsicht und Selbstbeherrschung (Galater 5,22).*

Das wird das Leben der Menschen bestimmen und prägen, die mit Jesus verbunden sind. Allerdings möchte ich hier sehr deutlich sagen: Achtung! Man kann sich selbst und andere an dieser Stelle überfordern. Frucht muß wachsen und reifen, und das geschieht nicht von heute auf morgen. Kalkulieren Sie also den Wachstumsprozeß mit ein.

In kritischen Situationen kann man sich zur Ruhe zwingen, aber Friede muß wachsen.

Ein höfliches Lächeln kann in kurzer Zeit vor dem Spiegel eingeübt werden, aber Freundlichkeit muß wachsen.

Spaß kann ein Fernsehstück frei Haus liefern, aber Freude muß wachsen.

Und das alles wird geschehen, wenn Sie mit Jesus Christus leben.

Frucht aber hat noch eine andere Seite. Davon spricht in besonderer Weise der 16. Vers. Jesus sagt:

Nicht ihr habt mich erwählt, sondern ich habe euch erwählt und (dazu) bestimmt, daß ihr hingeht und Frucht bringt und eure Frucht bleibt.

Achten Sie hier besonders auf die Formulierung: »...hingeht und Frucht bringt«. Ich möchte es einmal die »Hingeh-Frucht« nennen. Sie finden die gleiche Formulierung im Missionsauftrag, den Jesus seinen Jüngern gab:

Mir ist gegeben alle Gewalt im Himmel und auf Erden. Darum geht hin – geht hin – und macht zu Jüngern alle Völker (Matthäus 28,18–19).

Hingehn heißt, mit dem Evangelium zu den Menschen gehen. Hier erwartet Gott von uns eine Aktion. Ich warte nicht in meinem gemütlichen Wohnzimmer, bis jemand kommt, sondern ich verlasse meine Wohnung. Ich setze mich in Bewegung. Ich klingle an einer fremden Haustür. Ich suche das Glaubensgespräch mit meinem Arbeitskollegen. Ich nehme mir Urlaub für einen Missionseinsatz. Wer nicht bereit ist hinzugehen, der wird auch keine »Hingeh-Frucht« bringen. Diese Frucht aber sucht der Herr im Leben seiner Leute. Menschen sollen durch uns für Jesus Christus gewonnen werden. Verlorene sollen durch uns die Botschaft von der Rettung hören. Nehmen Sie bitte ernst, was Jesus Christus am Anfang seiner Rede gesagt hat:

Ich, ich bin der wahre Weinstock, und mein Vater ist der Weinbauer. Er entfernt jede Rebe an mir, die keine Frucht bringt; aber die fruchttragenden Reben reinigt er, damit sie noch mehr Frucht bringen (Johannes 15, 1–2).

Bleiben – das Lebensthema

Ich möchte Sie noch zum Nachdenken über einen Begriff einladen, der in dieser Weinstockrede siebenmal vorkommt; er heißt Bleiben.

Am Anfang sprach ich von den vielfältigen Energiekrisen des Lebens. Man könnte diese Energiekrisen auch das fruchtlose Leben nennen, also eine Rebe ohne Trauben, um in dem Bild zu bleiben, das Jesus Christus hier verwendet. Jesus Christus hat in dieser Gleichnisrede deutlich gemacht, daß wir organisch mit ihm verbunden sein müssen, wenn wir ein fruchtbringendes, ein geistlich erfolgreiches Leben führen wollen. Aber dann zeigt er seinen Jüngern, daß es weiter für sie darauf ankommt, in ihm zu bleiben. Ein kontinuierliches Leben mit Jesus Christus ist notwendig. Darum wohl dieser siebenfache Gebrauch des Wortes Bleiben. Ich zitiere den Text:

Bleibt (1) in mir und ich in euch. Wie die Rebe keine Frucht bringen kann aus sich selbst, wenn sie nicht am Weinstock bleibt, so auch ihr nicht, wenn ihr nicht in mir bleibt (2). Ich bin der Weinstock, ihr seid die Reben. Wer in mir bleibt (3) und ich in ihm, der bringt viel Frucht; denn ohne mich könnt ihr nichts tun. Wer nicht in mir bleibt (4), der wird weggeworfen wie eine Rebe und verdorrt, ... *Wenn ihr in mir bleibt (5) und meine Worte in euch bleiben, werdet ihr bitten, was ihr wollt, und es wird euch widerfahren. Wie mich mein Vater liebt, so liebe ich euch auch. Bleibt (6) in meiner Liebe! Wenn ihr meine Gebote haltet, so bleibt (7) ihr in meiner Liebe (Johannes 15,4–7.9.10).*

Es ist, als wollte Jesus Christus das seinen Nachfolgern einhämmern, unauslöschlich, markant: Bleiben ist das Lebensthema.

Wir werden keine Menschen für Jesus Christus gewinnen, und wir werden keine wirkliche Umgestaltung unseres Charakters erleben, wenn wir nicht in Jesus Christus bleiben. Wackelkontakt ist der sicherste Weg zu einem abstoßenden und leeren Christsein.

Ich werde die aufregenden Stunden aus der Kindheit nicht vergessen, in denen wir unter der Modelleisenbahn lagen und nach den Wackelkontakten suchten. Ärgerlich, wenn wir den Besuchern die Eisenbahn vorführen wollten, und dann plötzlich die Lichter ausgingen, eine Weiche nicht mehr funktionierte oder der Zug im Tunnel stehenblieb.

Da sitzen Sie gemütlich im Sessel, ein Buch in der Hand, und dann geht das Licht aus. Sie wollen eine neue Glühbirne einschrauben, aber in dem Augenblick, wo Sie die alte auszuschrauben gedenken, leuchtet sie wieder auf. Sie greifen zu Ihrem Buch, aber das Glück währt nicht lange, mit einem Mal sitzen Sie wieder im Dunkeln. Und dann wiederholt sich dieses ärgerliche Spiel. Wackelkontakt! Die Glühbirne ist o.k., der Stecker sitzt fest in der Steckdose – und trotzdem.

»Bleibt in mir!« hat Jesus seine Jünger ermahnt. Wackelkontakt führt nicht nur zum Qualitätsverlust, sondern macht jedes Fruchtbringen unmöglich. Darum wird Treue im Christsein groß geschrieben. Begeisterung für Jesus ist wünschenswert, aber Treue ist wichtiger. Einsatzbereitschaft für Jesus und seine Sache ist notwendig, aber erst durch Treue kann die Frucht reifen.

Darf ich Sie noch einmal daran erinnern, daß Jesus Christus hier den Weg zu einem erfüllten Leben zeigt. Er als der Weinstock will, daß seine göttliche Energie in uns, wenn wir Reben sind, hineinströmt. Sie können sich auch mit weniger zufrieden geben, aber dann würde Ihr Christsein zur Karikatur werden. Und das ist ja sicher nicht erstrebenswert. Stellen Sie sich eine Rebe vor, voll mit wunderbaren blauen Trauben. So kann Ihr Leben werden, wenn Sie in Gemeinschaft mit Jesus Christus, dem gekreuzigten, auferstandenen und erhöhten Sohn Gottes, leben. Darum hören Sie noch einmal dieses verheißungsstarke Wort: »Ich, ich bin der Weinstock, und ihr seid die Reben. Wer in mir lebt, so wie ich in ihm, der bringt reiche Frucht.«

Übersicht der Ich, ich bin-Worte

Jesus Christus hat diese inhaltsschweren Worte *ego eimi* sehr häufig und in verschiedenen Zusammenhängen in seinen Reden verwendet. Es war jedesmal eine absolute Proklamation seiner Göttlichkeit. So und nicht anders hat Jesus Christus sich verstanden. Er wußte, wer er war, und er wußte, woher er kam und wohin er wieder gehen würde. Nicht die Apostel und nicht die ersten Christen haben den Jesus von Nazareth aufpoliert und ihm zu einem göttlichen Image verholfen. Es war Jesus selbst, der nicht nur sagte, daß er Gottes Sohn sei, sondern der sich mit diesem ego eimi als der Gott Israels und damit als der Gott des gesamten Universums ausgab.

An dieser Stelle möchte ich dem Leser einen Überblick über die Ego-eimi-Aussagen geben.

1. Ego eimi – im Zusammenhang mit Bildbegriffen

1.1 Jesus Christus – das Brot

Ich, ich bin das Brot des Lebens. Wer zu mir kommt, den wird nicht hungern; und wer an mich glaubt, den wird nimmermehr dürsten (Johannes 6,35).

Da murrten die Juden über ihn, weil er sagte: Ich, ich bin das Brot, das vom Himmel gekommen ist (Johannes 6,41).

Wahrlich, wahrlich, ich sage euch: Wer glaubt, der hat das ewige Leben. Ich, ich bin das Brot des Lebens.
(Johannes 6,47–48)

Ich, ich bin das lebendige Brot, das vom Himmel gekommen

ist. Wer von diesem Brot ißt, der wird leben in Ewigkeit (Johannes 6,51).

1.2 Jesus Christus – das Licht

Ich, ich bin das Licht der Welt. Wer mir nachfolgt, der wird nicht wandeln in der Finsternis, sondern wird das Licht des Lebens haben (Johannes 8,12).

1.3 Jesus Christus – die Tür

Da sprach Jesus wieder: Wahrlich, wahrlich, ich sage euch: Ich, ich bin die Tür zu den Schafen (Johannes 10,7).

Ich, ich bin die Tür; wenn jemand durch mich hineingeht, wird er selig (gerettet) werden und wird ein- und ausgehen und Weide finden (Johannes 10,9).

1.4 Jesus Christus – der Hirte

Ich, ich bin der gute Hirte. Der gute Hirte läßt sein Leben für die Schafe (Johannes 10,11).

Ich, ich bin der gute Hirte und kenne die Meinen, und die Meinen kennen mich (Johannes 10,14).

1.5 Jesus Christus – der Weinstock

Ich, ich bin der wahre Weinstock, und mein Vater der Weingärtner (Johannes 15,1).

Ich, ich bin der Weinstock, ihr seid die Reben. Wer in mir bleibt und ich in ihm, der bringt viel Frucht; denn ohne mich könnt ihr nichts tun (Johannes 15,5).

2. Ego eimi – in Verbindung mit abstrakten Begriffen

2.1 Jesus Christus – Auferstehung und Leben

Ich, ich bin die Auferstehung und das Leben. Wer an mich glaubt, der wird leben, auch wenn er stirbt; und wer da lebt und glaubt an mich, der wird nimmermehr sterben.
(Johannes 11,25–26)

2.2 Jesus Christus – Weg, Wahrheit, Leben

Ich, ich bin der Weg und die Wahrheit und das Leben; niemand kommt zum Vater denn durch mich (Johannes 14,6).

3. Ego eimi – als Messiasoffenbarung

Spricht die Frau zu ihm: Ich weiß, daß der Messias kommt, der da Christus heißt. Wenn dieser kommt, wird er uns alles verkündigen. Jesus spricht zu ihr: Ich, ich bin's, der mit dir redet (Johannes 4,25–26).

4. Ego eimi – in verschlüsselten Redetexten

4.1 Als Offenbarungswort an seine Jünger

Als sie nun etwa eine Stunde gerudert hatten, sahen sie Jesus auf dem See gehen und nahe an das Boot kommen; und sie fürchteten sich. Er aber sprach zu ihnen: Ich, ich bin's; fürchtet euch nicht! (Johannes 6,19–20).

Jetzt sage ich's euch, ehe es geschieht, damit ihr, wenn es geschehen ist, glaubt, daß ich ich bin (Johannes 13,19).

4.2 Als Offenbarungswort an seine Gegner

Auch steht in eurem Gesetz geschrieben, daß zweier Menschen Zeugnis wahr sei. Ich, ich bin's, der von sich selbst zeugt; und der Vater, der mich gesandt hat, zeugt auch von mir (Johannes 8,17–18).

Darum habe ich euch gesagt, daß ihr sterben werdet in euren Sünden; denn wenn ihr nicht glaubt, daß ich ich bin (...daß ich der Ich-ich-bin bin), werdet ihr sterben in euren Sünden (Johannes 8,24).

Da sprach Jesus zu ihnen: Wenn ihr den Menschensohn erhöhen (kreuzigen) werdet, dann werdet ihr erkennen, daß Ich ich bin (es bin) und nichts von mir selber tue, sondern, wie mich der Vater gelehrt hat, so rede ich (Johannes 8,28).

Abraham, euer Vater, wurde froh, daß er meinen Tag sehen sollte, und er sah ihn und freute sich.
Da sprachen die Juden zu ihm: Du bist noch nicht fünfzig Jahre alt und hast Abraham gesehen?
Jesus sprach zu ihnen: Wahrlich, wahrlich, ich sage euch: Ehe Abraham wurde, ich ich bin (Johannes 8,56–58).

Als nun Judas die Schar der Soldaten mit sich genommen hatte und Knechte von den Hohenpriestern und Pharisäern, kommt er dahin mit Fackeln, Lampen und mit Waffen.
Da nun Jesus alles wußte, was ihm begegnen sollte, ging er hinaus und sprach zu ihnen: Wen sucht ihr?
Sie antworteten ihm: Jesus von Nazareth. Er spricht zu ihnen: Ich, ich bin's! Judas aber, der ihn verriet, stand auch bei ihnen.
Als nun Jesus zu ihnen sagte: Ich, ich bin's!, wichen sie zurück und fielen zu Boden.
Da fragte er sie abermals: Wen sucht ihr? Sie aber sprachen: Jesus von Nazareth.
Jesus antwortete: Ich habe euch gesagt, daß ich es bin. Sucht ihr mich, so laßt diese gehen (Johannes 18,3–8).